베란다에서의 즐거운 시간

베란다에서의 즐거운 시간

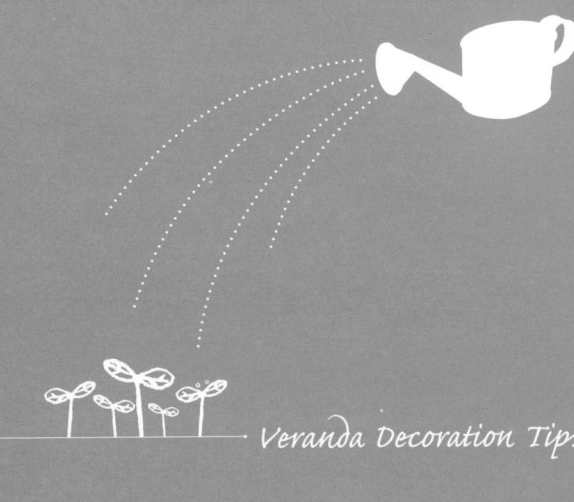

Veranda Decoration Tips

Veranda Decoration Tips

| 꽃과 풀이 숨 쉬는 나만의 작은 정원 |

베란다에서의 즐거운 시간

Veranda Decoration Tip

DIY SERIES | 01

베란다에서의 즐거운 시간

초판 인쇄일 _ 2007년 11월 30일
초판 발행일 _ 2007년 11월 30일
초판 2쇄 발행일 _ 2011년 2월 16일
글쓴이 _ My Garden 드림팀
발행인 _ 박정모
발행처 _ 도서출판 혜지원
주소 _ (130-844) 서울시 동대문구 장안 1동 420-3호
전화 _ 02)2212-1227, 2213-1227
팩스 _ 02)2247-1227
홈페이지 _ www.hyejiwon.co.kr
ISBN _ 978-89-8379-528-1
정가 _ 8,500원

본문디자인 _ 황이순
표지디자인 _ 황이순
영업마케팅 _ 김남권, 황대일, 김보균, 서지영

Korean translation copyright ⓒ 2007 Hyejiwon Publishing.
본 저작물은 혜지원 출판사가 대만 Cite Publishing Group의 MyHouse INC와 독점 계약한 한국어판으로, 서면 동의 없이 무단 전제 또는 복사를 금합니다.

잘못 만들어진 책은 구입한 서점에서 교환해 드립니다.

DIY Series 01

| 꽃과 풀이 숨 쉬는 나만의 작은 정원 |

베란다에서의 즐거운 시간

My Garden 드림팀 엮음

혜지원

들어가는 말

베란다에서 즐거운 시간을 보내면,
생활도 재미있어진다!!

몇 년 전 어느 날, 나는 출근하는 도중 우연히 크리스티안 짐머만이 연주하는 쇼팽의 "로만자"를 듣고 크게 감명 받았다. 원래 클래식 음악을 좋아하거나 음악에 대해 잘 아는 사람이 아닌데다가, 변변한 음향시설이 있었던 것도 아니었지만 그때부터 짐머만의 CD, 음반 등을 모두 모으기 시작했다. 분명한 것은, 짐머만을 알게 된 후 내 생활은 훨씬 재미있고 윤택해졌다는 것이다.

베란다 꾸미기도 마찬가지이다. 베란다를 고치거나, 정원을 꾸민다고 해서 생활 자체가 바뀌는 것은 아니다. 하지만 그 과정은 유쾌하고 즐거운 일임에 틀림없다. 어떤 사람들에게는 베란다의 유무나, 공간 구성 등이 그다지 중요하지 않을 수 있고, 꼭 필요한 존재가 아닐 수도 있지만 베란다를 어떻게 활용하느냐에 따라 생활에 달콤함을 더할 수 있다.

이 책은 우리가 소홀히 하기 쉬운 공간에 재미있고 특별한 의미를 주고자 하는 사람들을 위해 기획되었다. 독자들이 부담 없이 읽으며 배울 수 있도록 사진과 함께 설명을 곁들였으며, 집집마다 다른 베란다 크기와 바닥에 흙을 까는 번거로움을 고려하여 주로 화분으로 꾸미는 방법을 소개하였다. 또한 베란다의 일조량과 화분의 크기에 따라 키우기 적합한 화초가 달라지는데, 여기서는 화초의 배색과 높이, 공간감 및 기타 소품 등을 고려하여 크게 5가지 스타일로 나누었다. 자신의 베란다가 어떤 스타일에 속하는지 파악하고 개성 있는 분위기를 연출해 보자. 이 책에서는 베란다가 꼭 어때야 한다고 정의하거나 반드시 특정 스타일이어야 한다고 정하고 싶지는 않다. 다른 사람이 예쁘게 해놓은 것을 보고 그대로 베껴서 자기 집을 장식는 것은 창의적이지 않기 때문이다. 창의적이라는 것은 자신의 생각과 느낌, 열정을 불어넣는 것이다. 비록 자신이 만든 작품이 작고 만족스럽지 않더라도 직접 베란다를 꾸미면서 상당한 기쁨과 진정한 성취감을 느낄 수 있을 것이다.

성취감과 생활의 업그레이드는 우리가 베란다를 꾸미는 의의이기도 하다. 이 책 표지에 있는 울타리가 있는 베란다 정원의 주인 J씨는 평소 베란다에서 화초와 노는 것을 생활 속에서 실천하고 있는 진정한 녹색실천가이다. J씨가 직접 만든 베란다 화원은 화려하지도 크지도 않지만, 울타리와 화초들의 색깔이 잘 어울려 아주 귀여운 느낌을 준다. 놀랍게도 J씨는 벽에 못을 박는 등의 궂은 작업 없이 3일 만에 베란다 화원을 완성했다고 한다. J씨가 베란다를 꾸밀 때 가장 고심했던 부분은 꽃과 나무를 심는 것 외에도 어떻게 하면 베란다를 안락하게 만들 것인가였다. 베란다에서 일출, 낙조를 볼 수 있는지, 맞은편에 멀리 보이는 바닷물의 짠 내를 맡을 수 있는지, 촛불을 켜고 별 구경을 하면서 수다를 떨 수 있는지 등에 대해 고민하고 노력한 결과 멋진 베란다가 탄생하였고, 그녀는 자신이 직접 만든 베란다에서 여가를 즐긴다면 생활이 더욱 윤택해진다는 사실을 굳게 믿고 있다.

My Garden 드림팀

Contents
베란다에서의 즐거운 시간

004 · 들어가는 말
베란다에서 즐거운 시간을 보내면, 생활도 재미있어진다!!

006 · 차례

008 · 5가지 원칙 파악하기
달인이 알려주는 저렴한 비용의 베란다 인테리어

013 · 베란다 정원
DIY 개조 과정

014 · 원하는 베란다를 만들기 위한
구매 목록 Check List

Part I   5가지 감각적인 리모델링 스타일

016 · Case 1. 소품 + 화분이 배치된 베란다
귀엽고 아기자기한 작은 정원

022 · Case 2. 유리창 + 채광 블라인드의 돌출형 베란다
비바람이 없는 평온한 온실 정원

026 · Case 3. 3일이면 완성되는 울타리 베란다
찬란한 아침해가 뜨는 집

032 · Case 4. 인도, 가로수와 인접한 야외 베란다
우리 집이 바로 울창한 숲

036 · Case 5. 좁고 긴 스타일의 베란다
정글이 우거진 나만의 흡연공간

Part II 베란다 정원의 배치 노하우 45가지

042 · Idea 1. 소품
정원에 분위기를 더해주는 귀여운 소품들

054 · Idea 2. 창의적인 디스플레이
독특한 아이디어가 차별화된 베란다를 만든다

074 · Idea 3. 간단한 목공 작업
간단한 목공 작업으로 정원에 다양한 변화를 줄 수 있다

092 · Idea 4. 화초 모아 심기
다양한 화초를 모아 새로운 스타일을 연출할 수 있다

Part III 3색 계열 화초로 꾸미는 다채로운 베란다

102 · 간단한 실내 화단
103 · 간단한 걸이식 화분
104 · 간단한 삽목 번식법
106 · 분홍, 빨강 계열 _ 낭만, 열정
108 · 노랑, 오렌지 계열 _ 발랄함, 부드러움
110 · 파랑, 보라 계열 _ 우아함, 고상함

Part IV 작업도구 및 재료구입 Tip

114 · 작업을 도와주는 정원 도구
116 · 재료구입 Tip

5가지 원칙 파악하기
달인이 알려주는
**저렴한 비용의
베란다 인테리어**

▼북향 베란다
반그늘에 속한다. 햇볕이 내리쬐기 어려우며, 겨울에는 북풍의 혹독한 추위가 있다. 식물들에게는 자연 조건이 상대적으로 좋지 않은 환경이라고 할 수 있다.

▲서향 베란다
반그늘에 속한다. 서쪽에서 비치는 해가 비교적 강하기 때문에 쉽게 건조해지므로 수분 공급에 신경쓰도록 한다. 특히 오후 3~4시에는 직사광선이 강하기 때문에 서향 베란다는 습하면서도 더워진다. 한여름의 강렬한 햇빛과 고온 등은 식물에게 혹독한 시험이 될 것이다.

▲동향 베란다
일조량이 풍부하다. 오전에 3~4시간 직사광선이 있으며, 오후에는 환하긴 하지만 직사광선이 아니기 때문에 이상적이지는 않다.

▲남향 베란다
일조량 등이 가장 좋다. 북반구에 위치한 우리나라는 남향 베란다가 화초를 키우기에 가장 이상적인 베란다라고 할 수 있다. 통풍이 잘되고, 햇빛도 충분하며, 일조 시간도 길다. 여름에 온도가 높으면 그늘을 만들어 주면 되고, 반그늘을 좋아하는 식물은 그늘지고 바람이 잘 통하는 곳으로 옮기면 된다. 겨울에도 남향 베란다의 대부분은 직사광선을 받을 수 있다. 방한을 위한 바람막이 등을 해주지 않아도 일반적으로 추위에 강한 식물들은 남향에서 안전하게 월동할 수 있다.

　대부분의 사람들은 아름다운 생활에 대한 환상을 가지고 있다. 예를 들어 작은 정원이 딸린 예쁜 집에서 살았으면 좋겠다는 등의 기대 말이다. 씨를 뿌리고 물을 주며 자신이 직접 키우는 작은 꽃과 나무의 생장을 지켜보는 것은 단순히 정원을 감상한다는 즐거움 외에 더 큰 성취감을 맛볼 수 있다. 하지만 왜 다른 사람이 만들어 놓은 결과를 부러워하기만 하고 직접 실천하지 않는가? 작은 것부터 실천하면 꿈을 이루는 것은 결코 어려운 일이 아니다. 다만 어려운 것은 어떻게 첫발을 내딛느냐인데, 먼저 기본적인 몇 가지 방향은 미리 설정해 주는 것이 좋다.

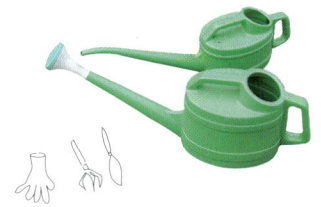

1. 전체적인 스타일 구상
2. 장소의 활용
3. 화분, 화분걸이 등의 선택
4. 화초 선택
5. 소품 활용하기

01 전체적인 스타일 구상

↘ 현장 교류

　직접 베란다를 꾸미든 혹은 다른 사람에게 도움을 요청하든 자신이 원하는 전체적인 모습, 예산, 스타일 등을 이해하는 것은 매우 중요하다.
　먼저, 초급자의 경우에는 꽃집이나 화원, 농장 등을 두루 다니면서 참관하도록 한다. 이를 통해 자기가 좋아하는 화초나 나무를 알 수 있고, 화원 주인과 애기를 나누면서 각종 식물의 특징 등을 이해할 수 있다. 자신이 잘 키울 수 있는 화초 종류가 무엇인지를 찾아내도록 한다. 꽃은 아이들과 마찬가지로 세심한 관리를 필요로 하며 인내심을 갖고 돌보아주어야 한다. 마치 엄마들이 평소에 아이들 교육과 관련하여 주변 사람들과 많은 이야기를 나누는 것처럼 베란다 꾸미기에 관심이 있는 사람들과 많은 이야기를 나누어보자. 이는 경제적이면서도 효과적인 초급 입문법이다.

배수구 처리

자료 열람

여기저기 돌아다니면서 경험을 쌓은 후에는 각종 관련 자료를 읽는 것을 추천한다. 일부 해외 책자에 소개된 아름다운 조경을 실제로 보지 않아도 다른 사람들의 디자인이나 사용 재료 등을 통해 안목을 높일 수 있다.

대략적인 스케치

아름다운 사진들을 보고 나면 얼른 행동으로 옮기고 싶어서 엉덩이가 근질근질할 것이다. 하지만 서두르지 말자! 마음을 가라앉히고 잘 생각하도록 한다. 이렇게 많은 자료를 보고 많은 곳을 돌아다녀봤는데, 내가 원하는 스타일은 대체 무엇일까? 절대 다른 사람들이 만들어 놓은 것이 좋아 보인다고 하여 그것을 그대로 카피해서는 안 된다. 그것은 창의력 제로의 일종의 표절이다. 창의력이라는 것은 자신의 생각과 느낌을 작품 속에 불어넣는 것으로, 비록 작품이 다소 어색하다 하더라도 큰 성취감을 맛볼 수 있다. 하지만 표절한 작품은 겉보기에는 예쁘지만 자신에게 잘 맞는다고는 할 수 없다. 왜냐하면 그것은 자신이 오랫동안 고민해서 만들어 낸 것이 아니기 때문이다.

그러므로 먼저 간단한 스케치를 그려보자. 아이디어가 떠오르면 마음속에 있는 베란다 정원을 그리도록 한다. 떠오르는 생각을 종이 위에 그려놓으면 작업이 한결 쉬워질 것이다. 여러 번 수정하여 그리는 동안 점차 원하는 스타일과 감각 등이 확정될 것이다. 미술 대회에 참가하는 것이 아니기 때문에 그림이 예쁘지 않다고 걱정할 필요는 없다. 단지 실제적으로 필요한 것이 무엇인지, 어디의 사이즈가 얼마 만큼인지, 여기에 어떤 화분을 놓을 것인지 등이 드러나면 된다.

사실 스케치는 가장 중요한 작업 과정 중의 하나이다. 왜냐하면 마음을 안정시키고 곰곰이 어떤 일을 생각하면 그 결과는 대체적으로 우리가 마음속으로 생각하던 것에 가깝게 나오기 때문이다. 머릿속에 다른 사람의 물건이 가득 차 있거나, 여기저기 돌아다녀 몸이 아주 피곤한 상태에서는 어디를 중점적으로 처리해야 할지 감을 잡지 못하는 경우가 다반사이다.

> **Memo**
>
> **바닥재는 매장에서 기성품을 구입한다.**
>
> 개인이 좋아하는 재질을 선택하면 되고, 대부분의 사람들은 목재 또는 석재를 선택한다. 진짜 야외 정원이 아니라면 잔디라든지 흙 등은 적당한 바닥재가 아니기 때문이다. 가장 간단한 방법은 이미 제작되어 있는 바닥재 조각을 구입하여 조립하는 것이다. 혹은 사이즈를 측정한 다음에 목재상에 가서 제작할 수도 있다. 자기가 직접 만들면 더욱 재미있겠지만 전기드릴, 전기톱, 전기 드라이버 등의 기본적인 공구가 필요하다. 그리고 석재와 목재를 같이 사용하면 공간이 더욱 자연스러워 진다.

02 장소의 활용

당신의 베란다는 직사각형인가, 아니면 정사각형인가?

실질적인 사이즈를 측정한 다음에는 화분과 테이블, 의자 등을 잘 배치하여야 한다. 그러므로 사용 가능한 범위를 종이 위에 그린 다음 사이즈를 정확하게 표기하도록 한다. 이렇게 하면 배치 문제를 수월하게 해결할 수 있다. 예를 들어 배수구는 어디로 두어야 할지, 나무 바닥이라든지, 화분, 소품 등은 어디에 놓아야 할지 모두 그림에 그려놓도록 한다. 하나씩 계획하다 보면 생각한 것만큼 어렵지 않다는 것을 발견하게 될 것이며, 어느새 전문가의 경지에 들어설 지도 모른다!

베란다가 편리하고 실용성을 갖추기 위해서는 자신의 베란다에 대해서 꼼꼼하게 알아두는 것이 중요하다. 화분이나 화초의 위치 선정에 있어서도 원하는 스타일을 대담하게 골라서 개성을 충분히 드러낼 수 있도록 연출한다.

03 화분, 화분걸이 등의 선택

물건을 담을 수 있는 물건이라면 모두 화분이 될 수 있다. 화초의 생장 습성을 이해하고 있다면 적당한 사이즈의 구멍을 만들어 주거나, 흙을 갈아엎는 등의 방법으로 식물이 더 잘 자랄 수 있도록 할 수 있다. 주위를 살펴보면 재미있는 화분이 될만한 소품들이 많다. 오래 신은 낡은 신발, 사용하지 않는 법랑 냄비, 손잡이가 끊어진 핸드백 등이 바로 그것이다. 만약 화분걸이가 필요하다면 나뭇가지나 대나무 등으로 고정시켜 유일무이한 화분걸이를 만들 수 있다. 경제적이면서 수작업의 즐거움을 느낄 수 있다.

04 화초의 선택

만약 화원에 가게 된다면 눈앞에 펼쳐진 아름다운 꽃들로 인해 엄청 흥분하게 될 것이다. 대자연의 가장 아름다운 색상이 모두 꽃에서 표현되고 있는 듯하다. 꽃을 고르는 것은 아주 즐거운 일임에 틀림없다.

그러나 꽃의 종류가 많은데 어떻게 선택해야 할까?
먼저, 현실적인 환경을 고려해야 한다. 햇빛, 공기, 물 등은 화초의 생장에 가장 중요한 요인들이다. 화초를 구입하기 전에 반드시 베란다의 방향이 동향인지, 서향인지를 미리 파악하고 일조 시간, 직사광선의 유무, 그늘 상태, 바람의 세기, 어두운 정도 등을 체크해야 한다. 또 자신이 얼마만큼의 시간을 내어 자신의 화초들을 돌볼 수 있는지도 고려해야 한다. 화초들은 자라면서 가지치기, 비료, 분갈이 등의 작업을 필요로 한다. 화초의 종류에 따라 이 시기는 물론 모두 다르다. 그러므로 화초를 구입하기 전에 먼저 이러한 상황들을 파악하고 있어야 한다. 화초를 가꾸는 것도 오랜 경험이 있어야 각 식물의 생장 특징을 이해할 수 있다. 그러므로 지금부터 한번 시작해보자!

Memo

화분 및 화분걸이를 고정해야 안전하다.

화분에 흙을 담으면 무거워지기 때문에 이를 고정시킬 때에는 먼저 전기 드릴로 벽에 구멍을 뚫고 나사로 단단히 고정하도록 한다. 나중에 벽면을 원래대로 복구하고자 할 때는 흙을 발라 구멍을 메우고, 건조된 다음 사포로 문질러 평평하게 하고 그 위에다가 칠을 하면 된다.

화분걸이의 종류는 다양한데, 병풍식 울타리의 경우에는 나사를 죄는 방식으로 고정하도록 한다. 이렇게 하면 바깥에서 바람이 불거나 비가 올 때에도 위험이 덜하다.

만약 화원에서 화분을 구입하고자 한다면 다양한 재질의 화분을 선택할 수 있을 것이다. 소박한 이탈리아 도자기 화분은 비록 다른 것보다 약간 비싼 편이지만, 어떤 화초와도 잘 어울리며 자연적인 질감을 느낄 수 있다. 또한 도자기 화분은 미세한 구멍이 있기 때문에 흙과 식물의 호흡이 가능하여 더욱 잘 자랄 수 있게 한다.

05 소품 활용하기

　귀여운 소품을 베란다에 더하면 아기자기한 정원이 될 것이다. 소품의 종류와 소재는 작은 동물 모양의 장식품, 화초와 관련된 장식품, 나무 제품, 도자기 제품, 금속 제품 등 아주 다양하다. 어떤 종류를 선택하든지 간에 모두 정원에 스타일을 부여하게 될 것이다. 하지만 반드시 기억해야 할 점은 소품 선택에 일관성이 있어야 한다는 것이다. 자기가 좋아한다고 해서 무조건 갖다놓으면 원래의 스타일을 잃어버리고 조잡해 보일 수 있다. 일관성 있는 스타일을 연출할 수 있도록 물품을 구입할 때에는 목표를 가지고 선택하도록 한다. 그러면 물건들이 서로 어우러져 더욱 돋보일 것이다.

　또 다른 재미있는 방법은 자신이 직접 만든 소품을 활용하는 것이다. 평소에 산책을 가서 주워온 마른 나뭇가지 등을 노끈으로 묶은 다음, 중간에 'Welcome'이라고 쓰인 작은 팻말을 걸어놓으면 자연스러운 연출이 가능하다. 혹은 돌 위에 아크릴 물감으로 간단하게 그림을 그려 화분 주변에 놓아도 상당히 멋지다.

　베란다 정원이 더욱 화려하고 풍부해질 수 있도록 소품활용에 많은 신경을 써야 할 것이다!

Memo

베란다를 리모델링할 때, 배수구 처리는 어떻게 해야 하나?

　간단한 리모델링을 하고자 한다면 베란다를 크게 고칠 필요가 없기 때문에 원래의 배수구를 그대로 유지할 수 있다. 그러므로 정원을 계획할 때에는 아래의 내용을 특히 유념하도록 한다. 첫째, 식물들을 배수구와 가까이에 놓으면 나중에 청소하거나 물을 줄 때 편리하다. 둘째, 배수구 위에 그물망을 올려놓고, 그 위에 돌멩이 등으로 덮어두면 깔끔하다.

베란다 정원 DIY 개조 과정

01 **마음속의 구상**
  - 나는 어떤 모습의 정원을 원하는가?
  - 아이디어가 떠오르면 스케치를 하여 초안을 작성해본다.

02 **경비 확정**
  - 전체 예상 비용을 뽑아본다.

03 **개조 목적을 이해한다. (휴식? 감상?)**
  - 리모델링 목적의 동기를 파악한다. 순수한 개인 휴식 공간인지, 아니면 화초를 키우기 위해서인지 등.
  - 복합적인 공간 사용 : 빨래 말리는 공간, 세탁 공간, 수납공간 등을 모두 고려해야 한다.

04 **주변 정리**
  - 먼저 베란다의 주변 환경을 청소하여 편리한 작업 환경을 만든다.
  - 간단한 파이프 작업과 배수구 처리를 한다.

05 **재료를 준비하고, 열심히 공부한다.**
  - 화원, 농장 등을 돌아다니며 둘러본다.
  - 관련 잡지, 서적 등을 본다.
  - 화초 관리에 경험이 있거나, 베란다 리모델링의 경험이 있는 사람들과 교류하면서 정보를 모은다.

06 **각종 상황에 대한 준비**
  - 베란다와 건축 제한
  - 바닥재를 깔 것인가? 어떤 재질을 써야 가족들의 수요에 가장 적합할까?
  - 일조량과 베란다의 방향
  - 전세, 월세로 있는 경우 벽면에 못을 박아도 될까? 아니면 다른 방법이 있을까?
  - 지역관리위원회에 관련 제한 사항이 있는가?

07 **스케치 시작**
  - 베란다의 실제 사이즈 측량
  - 식물과 소품, 가구들의 위치 확정

08 **공구 준비**
  - 각도자, 줄자
  - 수평자
  - 망치
  - 전기드릴
  - 실톱 기계
  - 나사 드라이버
  - 스패너, 펜치
  - 흙손
  - 페인트 붓, 롤러 붓
  - 장갑
  - 마스크
  - 종이

09 **하드웨어 작업(화분걸이, 바닥재 등 설치)**
  - 못을 박거나 울타리, 화분걸이 등을 설치
  - 나무 바닥재 설치
  - 작은 돌멩이를 바닥에 깐다.

10 **소프트웨어 작업(화초, 흙 구입, 화초 심기 등)**
  - 관련 목재, 석재, 시멘트, 모래, 도료 구입
  - 관련 나무, 원예 도구 및 가구 등을 구입

11 **장식 작업(소품 진열과 화분 모아심기 등)**
  - 화초, 나무, 소품 등을 배치

12 **최종 정리**
  - 마지막으로 빠트린 것은 없는지, 부족한 점은 없는지 확인한다.

13 **완성, 기념사진 촬영**
  - 친구를 불러 베란다에서 차를 마시며 수다를 떨어보자!

Veranda Decoration Tips · 13

원하는 베란다를
만들기 위한

구매 목록
Check List

스타일과 평면 레이아웃을 결정한 다음에는 쇼핑 리스트를 작성한다.
이 때 사용 인원 수, 공간 사이즈, 실질적인 필요성, 동선 등을 고려하여야 한다.

01 원예 도구
- 꽃가위
- 물뿌리개
- 천 장갑
- 부직포
- 분무기
- 모종삽, 갈퀴
- 흙 담는 삼태기

02 화분 심기
- 색깔이 다양하고, 배치하기 좋은 풀꽃 식물
- 실내, 실외에서 키우기 적합하며, 음지에 강한 관엽 식물
- 더위를 식혀줄 수생 식물
- 열대 스타일의 더위에 강한 다육 식물, 선인장 등
- 관목류의 개화 식물
- 실용성이 강한 허브 식물, 채소, 야채 등

03 원예 자재
- 화분(플라스틱, 초벌구이, 나무, 유리, 도자기 등으로 구분)
- 플랜트 박스(재질에 따라 다양한 종류로 구분)
- 화분걸이, 등나무 걸이
- 나무 계단, 층계
- 조립식 나무 바닥재
- 난석
- S형 걸이
- 시멘트 기와
- 울타리(뾰족한 울타리와 둥근 울타리로 구분됨)
- 돌 조각
- 대나무 발

04 원예 소품
- 오래 신은 낡은 신발
- 사용하지 않는 법랑 냄비
- 끈이 끊어진 핸드백
- 사용한 적이 있는 천 장갑
- 집에 남아도는 냄비, 그릇, 접시 등
- 가게에서 파는 귀여운 액세서리
- 버려진 나무
- 걸이 화분

05 가구
- 등나무 의자, 흔들의자, 조립 테이블 및 의자
- 파라솔
- 조명 기기
- 오래된 중고 가구

Part I
5가지 감각적인
리모델링 스타일

창문을 바깥세상과의 소통 창구라고 한다면 베란다는 그 세상으로 나아가기 위한 디딤돌이다. 실내와 실외에 걸쳐 있는 동시에 자연과 비자연의 사이에 위치한다. 공간 조건 및 사용 목적 등의 분류 방법으로 자신의 베란다를 평가하고, 이를 참고하여 자신이 원하는 스타일로 리모델링할 수 있다.

Case 1	소품 + 화분이 배치된 베란다	귀엽고 아기자기한 작은 정원
Case 2	유리창 + 채광 블라인드의 돌출형 베란다	비바람이 없는 평온한 온실 정원
Case 3	3일이면 완성되는 울타리 베란다	찬란한 아침해가 뜨는 집
Case 4	인도, 가로수와 인접한 야외 베란다	우리 집이 바로 울창한 숲
Case 5	좁고 긴 스타일의 베란다	정글이 우거진 나만의 흡연공간

| CASE |

C·A·S·E 01

촬영 _ 유가형, 디자인 _ 장소란

소품+화분이 배치된 베란다

귀엽고 아기자기한 작은 정원

만약 베란다가 좁고 활용하기가 용이하지 않다면 어떻게 해야 할까? 정원 소품을 좋아하는 장소란씨는 제한된 공간에 식물을 교묘하게 배치하고, 천장 공간까지 활용하여 작은 정원을 꾸몄다. 철골을 이용하여 화분걸이와 원예 도구 등을 걸고, 또한 철사로 만들어진 화분을 작은 등으로 개조하여 저녁에도 등불을 켜고 작고 귀여운 정원을 감상할 수 있도록 하였다.

> **Tips** 5가지 배치 노하우
> - 취미 생활을 적극 활용하고 반영한다.
> - 높낮이의 격차를 활용하고, 원근법을 활용하여 순서대로 배치한다.
> - 철골을 활용하여 화분 걸이, 철 바구니, 물뿌리개, 조명 등을 건다.
> - 골동품, 공간, 식물 등을 절묘하게 배치한다.
> - 소품 등을 구입하여 배치한다. 벼룩시장을 뒤지면 싸게 구할 수 있다.

문 안으로 들어서면 장소란씨와 그녀의 남편의 아기자기한 세계가 펼쳐진다. 남편은 지프차 등의 기계류를 좋아하는 수집광인데 반해, 장소란씨는 예쁘게 장식 된 소품 수집을 좋아한다고 한다. 테이블 위의 병이나 깡통 등의 각종 용기에서부터, 구석에 있는 골동품, 벽에 설치된 난로 등은 자연스럽게 어우러져 그녀만의 집안 분위기를 연출하고 있다. 그중에서도 테이블, 창가, 책장 등에는 수많은 화분과 원예 소품들이 흩어져 있다.

Natural Things

내추럴 소품을 창의적으로 진열하기

　　정원 소품은 그녀가 가장 수집하기 좋아하는 물품으로, 화분들과 함께 충분히 활용하여 공간 구석구석을 녹색으로 꾸며 놓았다. 예를 들어 선반 위에는 작은 화분들을 두고, 테이블 위에는 각종 소품과 꽃을 늘어놓았다. 창가는 작고 귀여운 정원으로 탈바꿈하여 장소란씨가 수시로 가꿔온 온갖 종류의 화초로 가득하다. 선반 위에는 각종 정원 소품들이 걸려있고 한쪽에는 원예 도구들이 놓여있어 마치 작은 정원에 들어온 것 같다. 이곳에서 가장 많이 볼 수 있는 것은 물뿌리개이다. 다양한 모양과 재질의 물뿌리개는 각자 독특한 개성을 가지고 있는데, 대부분은 벼룩시장을 뛰어다니며 직접 구한 것이다.

　　이곳에서는 공간에 어울리는 재미난 소품들이 여기저기 흩어져 있다. 소품 하나가 지나치게 튀기보다는 여러 가지 소품들이 함께 어울려 각자의 존재를 드러내고 있다. 또한 화초들도 여러 소품들과 함께 자연스럽게 이곳 분위기에 녹아있다.

| CASE |

돌출형 창가

걸이식 화분과 걸이식 소품은 베란다 공간을 생동감 있게 연출해 준다.

베란다 공간은 제한적이지만, 위쪽에도 공간이 있다는 사실을 잊어버리지 말자. 철골을 활용하여 걸이식 화분을 걸어놓을 수 있을 뿐만 아니라, 철사 바구니, 물뿌리개 등도 적절하게 걸어 놓을 수 있다. 이렇게 하면 공간을 전체적으로 활용하여 생동감 있는 시각적 효과를 낼 수 있다. 여기에 조명기구를 걸어 놓으면 저녁에 베란다를 운치 있게 감상할 수 있다.

01 돌출형 창가

돌출형 베란다 공간을 꾸미기 위해 반드시 여러 종류의 화초를 심어야 하는 것은 아니다. 하지만 창의적이면서도 단계별로 배치하는 것을 잊지 말자. 신경쓰지 않은 듯 자연스러운 배치와 골동품 스타일의 소품은 실내, 실외 모습을 모두 아름답게 꾸밀 수 있다.

심플한 흙화분은 식물 자체의 아름다움을 돋보이게 한다.

나무 사다리와 선반

창의적인 디스플레이는 베란다의 표정을 변화시킨다.

식물은 베란다 정원의 주인공이다. 귀엽고 눈길을 끄는 소품과 적절하게 배치하면 베란다의 어느 구석에서도 빛을 발할 것이다.

창문이 서쪽으로 나 있다면, 나무 벽을 만든 다음에 선반을 설치하여 다육식물을 그곳에 올려두자. 시각적 효과가 풍부해질 것이다.

02 | **나무 사다리와 선반**
창가의 한쪽에 귀여운 작은 나무 사다리를 놓고, 층층마다 화분을 두면 입체적인 효과를 거둘 수 있다.

| CASE |

C·A·S·E
02

촬영 _ 황정이, 디자인 _ 황규형

유리창+채광 블라인드의 돌출형 베란다

비바람이 없는
평온한 온실 정원

한적한 오후에 개인 온실 정원에서 따스한 햇볕을 받으며 차를 한 잔 마신다. 이러한 즐거움은 작은 집에 살면서도 충분히 누릴 수 있다.

Tips 5가지의 배치 노하우

- 투명한 유리병을 활용하면 생동감 있고 재미있는 연출이 가능하다.
- 식물의 종류는 선인장 종류의 다육식물을 선택해도 무방하다. 보기에 시원스럽고 돌보기 쉬우면 된다.
- 간단한 목공 작업 등을 통해 베란다와 실내를 연결한다.
- 말린 꽃이나 버려진 나무 등의 자연 소재를 활용하여 다양한 변화를 줄 수 있다.
- 걸이식 화분은 공간을 차지하지 않을 뿐만 아니라, 높낮이 변화를 통해 공간의 표정을 풍부하게 만든다.

'온실 정원'은 마치 돈 많은 부잣집의 전용물인 것 같지만 황규형 씨의 집은 일반적인 아파트이다. 방 2개, 거실 2개로 약 20평 정도 된다. 하지만 그 안에는 2개의 온실 정원이 있어 한가할 때 그곳에서 허브차를 우려마시거나 아내와 함께 정원을 바라보며 담소를 나누곤 한다. 푸른 식물들에 둘러싸인 이곳에서 여유로움을 한껏 만끽할 수 있다.

Glasshouse Garden

유리창, 블라인드로 완성되는 온실 정원

거실에 있는 온실 정원은 창가에 블라인드를 달고 화분을 두어 꾸몄는데 이렇게 하면 햇볕도 잘 들고, 관리하기가 쉽다. 황규형씨는 선인장 종류인 다육식물을 좋아한다고 한다. 다육식물은 일반 식물들처럼 많은 잎을 가지고 있지 않기 때문에 공간이 깔끔하고 시원스러워 보인다.

돌출형 베란다에 통유리창과 블라인드를 설치하면 쉽게 온실 환경이 만들어진다. 이렇게 만들어진 넓은 공간에는 많은 종류의 화초를 둘 수 있다. 손으로 직접 목공 작업을 하는 것을 좋아하는 황규형씨는 직접 화초 받침대를 만들어 식물들이 길게 뻗어 자랄 수 있도록 하였고, 또한 나무 바닥재를 깔아서 집안 인테리어와 연결될 수 있도록 하였다. 이렇게 하니 베란다와 일상생활이 더욱 가까워졌다. 언제든 개인 온실 정원에 앉아서 신선한 공기를 마시며 기분 전환을 할 수 있다. 베란다 온실 정원은 관리가 쉬울 뿐만 아니라 비용도 많이 들지 않고, 마음도 편안하게 만들어주는 효과가 있다.

| CASE |

돌출형 베란다

다양한 키의 화분을 배치하는 것도 요령이다.

대부분 집의 거실에는 유리창과 블라인드로 이루어진 돌출형 베란다가 있다. 빛이 충분히 들기 때문에 이곳에 화분만 두면 작은 정원이 된다. 이때, 키가 큰 화분이 키가 작은 화분을 가리지 않도록 주의하여 배치하도록 한다.

01 다양한 소품을 활용한다.

식물, 화분, 나무 받침 등을 적절히 활용하고 햇빛이 은은하게 내리쬐면 창가의 소박한 아름다움을 충분히 느낄 수 있다.

직접 만들어 달아놓은 작은 모빌 장식은 창가에 시각적 효과를 더해준다.

작은 분재를 무시하지 말라. 그 안에도 큰 즐거움이 숨어있다.

02 거실과 연결된 베란다

간단한 목공, 바닥 작업을 통해 베란다와 거실을 연결하면 심플하고 예쁜 베란다 정원이 탄생하게 된다.

03 잡동사니 수납하기

베란다 개수대 위쪽에 선반을 설치하면 원예 도구들을 가지런하게 수납할 수 있다.

화분걸이를 이용하면 공간을 차지하지 않을 뿐만 아니라, 공간 위쪽의 시각적 효과를 풍부하게 만든다.

마른 가지나 버려진 나무 등을 이용하여 손수 만든 화분 받침은 개성 있으면서도 질리지 않는다.

C·A·S·E
03

촬영 _ 황정이, 디자인 _ 곽진영

3일이면 완성되는 울타리 베란다

찬란한 아침해가 뜨는 집

이 특별한 베란다는 아이디어 구상에서부터 작업까지 모두 집주인이 손수 완성하였다. 그는 베란다가 완성되자 이 곳에 앉아 일출을 바라보는 것을 좋아하게 되었다.

곽진영씨가 보름 정도의 출장에서 돌아와 보니 베란다의 화초 대부분이 겨우 생명만 붙어 있거나 이미 말라 죽어 있었다. 작고 작은 공간에 말라 비틀어진 장미 가지들이 가득했고, 바닥에도 온통 낙엽 천지였다. 그 광경을 바라보면서, 곽진영씨는 이것들을 치워야겠다는 생각과 함께 자기가 너무 많은 장미와 식물들을 심은 것이 아닐까 하는 생각이 들었다고 한다. "사실 충분한 여유 공간이 있어야 식물들도 잘 자랄 수 있다는 것을 알고 있었지만 욕심이 많아서 하나하나 들여놓다 보니 식물들로 꽉 차게 되었지요. 그러니 베란다에서는 물주고, 다듬고, 화초를 돌보는 일 외에 다른 어떤 일도 할 수가 없었습니다."

Tips 5가지의 배치 노하우

- 잡지를 뒤지거나, 자료를 열람하여 원하는 스타일을 찾아 낸 다음, 베란다의 대략적인 모습을 구상한다.
- 선반을 이용하여 공간을 활용한다. 화분을 많이 놓더라도 좁아 보이지 않는다.
- 울타리를 만들어 시멘트 벽을 가린다. 아이보리색은 베란다를 좀 더 넓어 보이게 한다.
- 싸면서도 실용적인 구멍 뚫린 벽돌은 화분으로 사용하기에도 좋고, 받침이나 물건을 담기에도 훌륭하다.
- 간단한 접이식 테이블과 의자가 있으면 다양하게 활용할 수 있다.

Sunshine Veranda

리모델링 할 수 있다.
저렴한 비용으로 직접 베란다를
잡지에서 원하는 스타일을 찾으면

　폐허가 된 베란다에서 곽진영씨는 어떻게 하면 식물들이 편안하게 호흡할 수 있으면서 자신도 꽃과 경치를 벗삼아 휴식을 취할 수 있는 공간으로 만들 수 있을까 곰곰이 생각했다. 하지만 베란다를 어떻게 바꾸어야 할까? 설계사를 고용하여 돈을 쓰고 싶지도 않고 그렇다고 있는 재료로 대충 꾸미고 싶지도 않았다. 그래서 잡지를 뒤져 리모델링 모델을 찾아 자신의 베란다를 매치시켰다. 3일간의 노력 끝에 마침내 새로운 베란다가 탄생하였고, 곽진영씨는 이렇게 소감을 밝혔다. "정리가 끝난 후, 저는 테이블에 앉아 경치를 내려다 보았습니다. 그리고 커피를 마시며 오랫동안 앉아서 책을 보았습니다. 이제 나만의 휴식 공간이 생긴 것 같아 아주 행복합니다."

| CASE |

의자 옆에 부겐빌레아 화분을 놓는다. 햇빛을 흠뻑 받게 되면 폭포수와 같이 만개한 붉은 꽃을 감상할 수 있을 것이다.

01 울타리 구역

서로 다른 색깔의 화분에 각종 화초를 심어 놓으면 화단의 색상이 다양해지면서, 더욱 생기 있고 재미있어진다.

울타리 난간

하얀 울타리가 베란다를 넓어보이게 한다.

풍경을 감상하거나 각종 식물을 심기 위해 화단에 작은 책상, 걸상, 울타리를 두면 아주 훌륭한 인테리어가 된다. 하얀 나무 울타리는 시멘트 건물 안에서의 생활을 자연과 가까워질 수 있도록 연결해준다.

02 | 선반 구역

리모델링 전부터 있었던 구멍 뚫린 벽돌을 울타리 앞에다 두고, 작은 관엽 식물이나 물뿌리개 등의 소품을 올려두면 수납용으로도 사용할 수 있기 때문에 상당히 실용적이다.

선반을 만들어 작은 화분들을 올려놓고, 의자에 앉아 차를 마신다. 의자에 앉아서 보는 각도가 꽃을 보거나, 풍경을 감상하기에 딱 알맞다.

| CASE |

3일이면 완성되는 나만의 베란다

자기가 직접 만드는 베란다는 공간의 초안 스케치부터 실제적인 작업까지 예상치 못한 변수들과 어려움이 나타나게 마련이다. 하지만 어려움을 극복하고 직접 만들어보며 자기만의 휴식공간을 꾸미다 보면, 어느새 자연과 친밀해져 있는 자신을 발견하게 될 것이다.

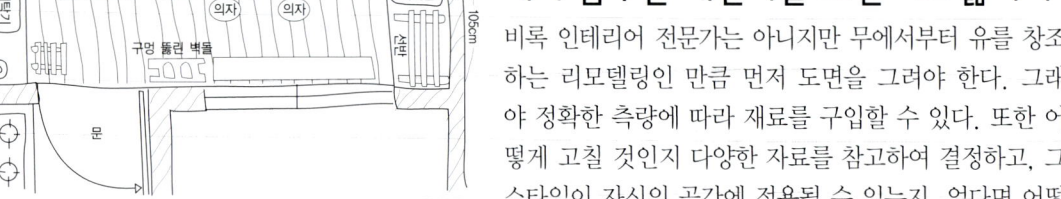

내가 꿈꾸는 베란다를 도면으로 옮기기

비록 인테리어 전문가는 아니지만 무에서부터 유를 창조하는 리모델링인 만큼 먼저 도면을 그려야 한다. 그래야 정확한 측량에 따라 재료를 구입할 수 있다. 또한 어떻게 고칠 것인지 다양한 자료를 참고하여 결정하고, 그 스타일이 자신의 공간에 적용될 수 있는지, 없다면 어떻게 바꿔서 적용해야 하는지 검토해야 한다. 이 모두를 종이 위에 천천히 그려보며 자기만의 베란다 스타일을 완성하자.

Day 01 베란다의 실제 사이즈 측량 및 재료 구입

3일 안에 베란다 리모델링을 완성하려면 스케치 완료 후 매일 해야 할 일들을 리스트로 작성해야 한다. 첫째 날에는 먼저 재료를 사야 한다.

01 페인트 구입

페인트를 고르는 일은 쉽지 않다. 잘못 선택하게 되면 시각적으로 보이는 효과가 원래 생각하던 것과 큰 차이가 나기 때문이다. 곽진영씨는 2종류의 페인트를 선택하였다. 하나는 흰색 스프레이형 페인트로, 페인트 붓으로도 사용할 수 있다. 스프레이는 광택 효과와 함께 부식 방지 효과도 있다. 다른 하나는 매장 직원이 골라준 하늘색 계통의 페인트이다. 유성 페인트이긴 하지만 그다지 번들거리는 느낌이 없어 잔잔한 분위기에 어울린다.

02 목재 구입

베란다 각 부분의 사이즈를 측량한 다음에 가장 먼저 구입해야 하는 것은 바로 목재이다. 목재는 손이 가장 많이 가는 자재이기 때문에 먼저 작업에 착수하려고 하였지만, 곽진영씨는 목재상에서 작은 문제에 봉착하게 되었다. 원하는 사이즈 재고가 없어 새로 삼나무를 잘라야 했기 때문에 써던 옐로우 파인 나무를 제외한 목재의 경우 다음날에 받을 수 있었다.

03 실제 사이즈 측정

자재를 구입하기 전에 반드시 베란다 주요 구역의 각 사이즈를 측량해야 한다. 기록이 끝나면 구역별로 분류하는 방식으로 구입이 필요한 목재를 정리하도록 한다. 예를 들어 '테이블 바닥(110cm×20cm) 1개' 등이다.

Day 02 — 베란다 정리, 화초 및 재료 구입, 목재에 페인트칠 하기

둘째 날에는 일찍부터 서둘러 베란다를 청소한 다음 화초를 구입하도록 한다.

Before

01 화초 구입
베란다가 좁기 때문에 많은 화초를 놓을 수 없었다. 곽진영씨는 부겐빌레아를 주인공으로 삼기로 결정하였다. 그리고 기타 작은 화초와 관엽 식물 등을 구입하였다.

02 의자 구입
의자는 베란다에 꼭 필요한 물건이다. 베란다가 넓지 않기 때문에 소형 의자를 선택할 수밖에 없었다. 중고품 가게에서 건진 것으로 저렴하게 구입했다.

03 페인트칠
울타리, 화분대, 선반, 의자 등은 모두 페인트칠이 필요했다. 저녁 시간을 이용하여 작업을 시작하였다. 먼저 신문지를 펼쳐 놓고 그 위에 나무를 놓고 페인트칠을 시작하였다. 얼룩덜룩해 보이도록 하기 위해 일부러 균일하게 칠하지 않으려고 노력했으며, 약간 나무 무늬가 비치도록 하였다. 선반과 의자에는 원래 색이 칠해져 있었기 때문에 하늘색 페인트를 칠해서 색깔을 바꿔주었다. 칠이 끝나면 하루 동안 건조해준다.

Day 03 — 바닥, 벽면 작업, 화분 배치

셋째 날에는 마지막 작업이 기다리고 있다. 바닥 작업 및 화분 배치가 바로 그것이다. 먼저 베란다를 깨끗하게 치운 다음 작업을 시작하자.

After

01 울타리 만들기
울타리는 가장 까다로운 부분이다. 먼저 울타리 위의 선반을 잘 박은 다음에, 선반과 울타리가 하나하나 잘 고정되도록 해야 한다. 그런데 배수를 위해 베란다 바닥 면이 약간 기울어져 있었기 때문에 구입한 울타리 조각을 그대로 쓴다면 선반이 기울어질 것이 뻔했다. 할 수 없이 다시 목재상에 가서 작은 나무판을 구입하여 울타리와 선반의 아래쪽에 나무판을 괴어 수평이 맞도록 조절하였다.

02 바닥 깔기
써던 옐로우 파인 나무는 열에 팽창하고, 추우면 줄어드는 성질이 있기 때문에 약간 틈을 남겨두고 작업해야 한다. 그래야 날이 더워져도 나무판이 팽창하여 모양이 변형되지 않는다. 써던 옐로우 파인 나무를 바닥에 나란히 깔아놓으니 분위기가 확 달라졌다.

03 화분 배치
베란다 꾸미기의 전체적인 테두리 작업은 모두 완성되었다. 마지막으로 화분 배치가 남았다. 크기와 종류에 따라 바닥과 선반에 화분을 놓으니 완성! 새롭게 달라진 베란다를 보면 그 동안의 고생이 모두 보람있을 것이다.

04 벽면에 못, 드릴 등의 작업을 하지 않는 리모델링
베란다 리모델링 과정에서 벽면이나 바닥에 못을 전혀 박지 않았기 때문에 나중에 뜯어내기가 편리하다. 전세, 월세에 사는 사람의 경우에도 못질 걱정 없이 아름다운 정원을 즐길 수 있다.

| CASE

CASE 04

촬영 _ Simon, 디자인 _ 이대현

인도, 가로수와 인접한 야외 베란다

우리 집이 바로 울창한 숲

인도에 늘어선 가로수 그늘 아래의 있는 노천 베란다를 어떻게 장식해야 할까? 사진작가 Simon씨는 바쁘다는 핑계로 녹음을 마주하고 있는 자신의 베란다를 방치하고 있었다. 리모델링의 달인이 이를 어떻게 푸른 바다 스타일의 베란다 정원으로 탈바꿈시키는지 살펴보자.

집주인 Simon씨는 사진작가로 변화한 도심 속 조용한 골목에 작업실을 구했다. 베란다는 특별한 장식이 없었으나, 가로수의 녹음과 마주하고 있었다. 이 공간을 잘 활용해보고자 하는 생각은 늘 있었으나 그러지 못했었는데, 이 기회를 빌어서 베란다를 작업 외에 휴식 공간으로 리모델링 하기로 하였다.

Tips 6가지 배치 노하우

- 바로 이웃하고 있는 가로수는 그 수종에 상관없이 푸르고 호방한 느낌을 줄 수 있다.
- 계단식 나무 선반은 공구를 수납하거나, 혹은 화분을 올려놓는 등 다양하게 활용할 수 있다.
- 등나무로 만든 베란다 소품을 인테리어 소품으로 사용하거나 화분틀로 사용하면, 그다지 자리를 많이 차지하지 않으면서도 보기에 좋다.
- 창문 앞에 파란색의 나염 천을 걸어두면 분위기가 순식간에 달라진다.
- 너무 규칙적으로 배치하지 않도록 한다. 무심하게 놓은 듯한 것도 특색 있다.
- 한해살이풀은 색깔이 풍부하고 변화가 크기 때문에 베란다 정원을 다양하게 연출할 수 있다.

Green Forest

　　Simon씨의 베란다는 밀집된 도시 한가운데에 나무들로 둘러싸여 있었다. 하지만 베란다에는 테이블 하나와 의자 두 개만이 간단하게 놓여 있었고, 야외 베란다의 쾌적함 같은 것도 부족했다. 리모델링의 달인 이대현씨는 Simon의 베란다에 새로운 스타일을 찾아주고자 했다. 좁고 긴 베란다에 물결 모양 원목 바닥과 블루 색조로 포인트를 주었더니, 마치 해변에 온 것 같은 분위기가 만들어졌다.

5가지 감각적인 리모델링 스타일 · 33

| CASE |

베란다 앞쪽

오후의 티타임(Tea Time), 베란다에서의 휴식!

물결 모양의 바닥재, 동글동글한 돌멩이, 녹색의 선인장 등이 창가에 위치하여 마치 쪽빛 바다에 있는 것 같은 느낌이 든다. 베란다에서 오후에 티타임을 가지며 잠깐 휴식을 취하자!

01 　베란다 앞쪽
작은 칠판을 걸어 임의로 글과 그림 등을 그려보자.

긴 나무 상자를 하얀 페인트로 칠하여 아름다운 화초를 돋보이도록 장식한다.

02　파란 테이블과 의자

원래 나무색이었던 테이블과 의자에 파란색과 흰색의 모자이크 타일을 붙이면, 창가에 드리운 파란색 나염천과 아주 잘 어울리게 된다. 아침에 이곳에서 여유롭게 식사를 한다면 하루를 상쾌하게 시작할 수 있을 것이다.

03　걸이 장식

걸이식 화분을 곳곳에 매달면 바람에 살짝 흔들려 마치 베란다와 바깥을 구분해주는 녹색의 주렴같다.

촬영 _ 유경용, 디자인 _ 정수린

좁고 긴 스타일의 베란다

정글이 우거진
나만의 휴연공간

Nana씨 집의 좁고 긴 베란다는 마치 복도를 걷는 것 같다. My Garden 드림팀은 유럽 스타일의 화단과 수납장 등을 제작하여 소품들을 정리할 수 있게 하였다. Nana씨와 리모델링 달인이 공동으로 만든 개성 있는 베란다 정원을 살펴보자.

Nana씨의 베란다는 매우 좁아 폭이 채 1미터도 되지 않는다. 반면 길이는 매우 길어 약 10미터에 달한다. 여기에 화분과 땅에 어지럽게 널린 물건들 때문에 더욱 답답해 보였다.

발리 섬의 남태평양 스타일을 좋아한다는 Nana씨를 위해 아시아 스타일의 베란다 정원을 꾸며보기로 하였다. Nana씨 부부와 리모델링의 달인이 함께 힘을 합하여 수월하게 일을 끝낼 수 있었다.

Tips 4가지 배치 노하우

- 손수 만든 나무문은 지저분한 공간을 가릴 수 있으며, 동시에 통로의 느낌도 준다.
- 바닥은 분할식 디자인을 채택하였다. 주요 활동 공간에는 직사각형의 써던 옐로우 파인 나무를 깔아 놓았고, 나머지 부분에는 돌멩이와 직사각형 나무판을 섞어 산책로의 느낌을 살려 주었다.
- 벽면에는 사다리 모양의 나무 계단과 선반을 만들어 화분을 놓았다. 공간을 충분히 활용할 수 있을 뿐만 아니라 시각적으로도 베란다가 좁아 보이지 않게 하는 효과가 있다.
- 나무 줄기를 엮은 발을 쳐주면 화초에 내리쬐는 직사광선을 막아주고 지저분하게 보이는 건물들을 다소 가려주는 효과도 있다.

| CASE |

01 사다리와 선반

서향 베란다는 더위가 가장 두렵다. 나무문과 나무발은 자외선을 일부 막아주는 동시에 멀리 보이는 지저분한 건물 라인들을 가려주는 효과가 있어 서향식에 알맞은 아이템이다. 직접 굵은 노끈 등을 활용하여 걸게 선반 등을 만들어 소품을 정돈하면 베란다 정원은 한결 돋보이게 된다.

화 단

좁은 공간에 피어난 꽃들의 향연

화단은 거실 창의 맞은편에 위치한다. 다소 높은 곳에 위치한 유럽 스타일의 작은 화단은 실내에서도 푸르른 베란다 정원을 즐길 수 있도록 하였다.

02 나무문과 바닥

나무문은 Nana씨가 가장 자랑스러워하는 작품이다. 움직일 수 있도록 설계되어 지저분한 구석을 가려줄 뿐만 아니라 통로로서의 기능도 하고 있다. 예술성과 실용성을 두루 갖추고 있다.

베란다는 Nana씨의 전용 흡연 구역이기 때문에 담배 피우는 고양이를 그려 넣어 재미있게 흡연구역을 표시했다.

03 | 사다리와 선반

좁고 긴 공간 안에 뭔가를 놓으면, 특히 원형 물건의 경우에는 공간을 더욱 좁아보이게 한다. 리모델링 전문가 정수린씨는 벽면에 사다리 개념의 나무 계단과 선반을 설치하여 화분들을 올려놓았다. 이렇게 하면 공간을 충분히 활용할 수 있을 뿐만 아니라, 시각적으로도 베란다가 좁고 길게 느껴지지 않는다.

선반에 작은 소품을 올려놓고, 나무 상자에는 자신이 좋아하는 화초를 심어놓았다.

나무 토막에 구멍을 뚫어 사다리처럼 연결하면 멋진 선반이 된다. 노끈 길이를 조절하여 변화를 줄 수도 있다.

04 | 화단

희고 노란 나팔꽃과 통나무집이 아주 잘 어울린다. 여기에 머리를 빠끔히 내밀고 있는 노란 작은 오리 인형과 통나무집 위에 있는 발리 섬 특산 목각 인형 2개가 작은 집을 더욱 귀엽게 장식하고 있다.

새집 스타일의 조형물을 화초 사이에 두어 유럽식 정원 스타일을 연출하였다. 그 안에 다양한 다육식물을 심고, 귀여운 토토로 같은 인형을 두면 더욱 재미있다.

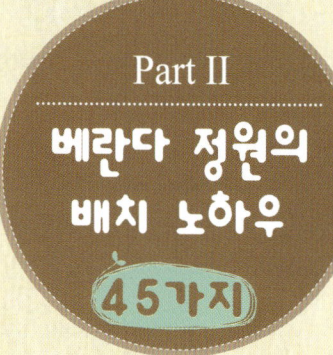

Part II
베란다 정원의 배치 노하우
45가지

베란다 정원은 넓고 쾌적하지 않아도, 생활 가까이에 있어 마음만 먹으면 직접 꾸며볼 수 있고 상상력으로 가득 찬 곳으로 만들 수 있다. 경험이 많은 사람들에게 배우는 것은 가장 빠르고 가장 간단한 입문 지름길이다. DIY를 통해 자기만의 정원을 만들어보자.

| Idea 1 | 소품 | 정원에 분위기를 더해주는 귀여운 소품들
| Idea 2 | 창의적인 디스플레이 | 독특한 아이디어가 차별화된 베란다를 만든다
| Idea 3 | 간단한 목공 작업 | 간단한 목공 작업으로 정원에 다양한 변화를 줄 수 있다
| Idea 4 | 화초 모아 심기 | 다양한 화초를 모아 새로운 스타일을 연출할 수 있다

01 소품
정원에 분위기를 더해주는 귀여운 소품들

화초를 선택하는 것 외에, 각종 소품을 어울리게 배치하는 것도 작은 정원에 활기와 재미를 불어넣는다. 재질과 스타일에 따라 전혀 다른 분위기를 연출할 수도 있다.

식물 메모판 | I·D·E·A |

일요일이다. 날씨는 흐림!
일기예보에서 분명 햇빛이 쨍쨍 비출 거라고 했는데 어제 뜰에 심어놓은 화분들을 둘러보는게 어떨까?
아~ 좋다.
이 세 개의 작은 화분이 태양보다 더 귀하게 느껴진다.
몇 번 보고 나면 우울했던 마음도 밝아지는 것 같다.

Tips
화초를 고르는 것 외에 화분과 소품을 잘 선택하는 것도 그 재질이나 스타일에 따라 전혀 다른 분위기를 연출할 수 있기 때문에 매우 중요하다.

❓ 식물 메모판은 어떻게 만들까?

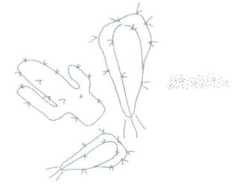

01 3개의 선인장과 약간의 마사토를 준비한다.

02 모래를 도자기 찻잔에 넣은 후 선인장을 심는다.

03 그 위에 다시 마사토를 덮어 예쁘게 장식한다.

04 메모판 위에 화분을 올려놓는다.

| IDEA |

소품 01 | 야외 응용

귀엽고 재미있는 소품은 많은 사람들의 사랑을 받는 아이템이다. 그 중에서도 자연 소재를 활용한 만든 소품이 가장 많은 사랑을 받는다. 아름답고 우아한 정원을 만들기 위해서는 식물 조경이 필수이지만, 적당한 소품은 정원에 생동감을 부여한다.

하얀 나무 팻말 | I·D·E·A

컨트리풍 소품을 활용한다. 'Home Sweet'라고 쓴 작은 팻말을 녹색 정원 위에 꽂아보자.

어떻게 장식해야 할까?

01 처음부터 막막할 때에는 먼저 외형, 색깔 등에서 눈에 띄는 소품부터 시작한다.

02 지나친 장식은 좋지 않다.

03 테마에 맞게 배치한다.

식물과 어울리는 심플한 소품 배치 | I·D·E·A |

나무 울타리를 흰색으로 칠하고,
그 앞에 독특한 모양의 우체통을 놓은 다음에 동백꽃을 심으면
시각적 효과가 뛰어나다.

작은 버섯 | I·D·E·A |

나무 아래에 작은 버섯 소품을 두면
재미있는 연출이 가능하다.

| IDEA |

소품 02 | 걸어서 늘어뜨리기

햇빛이 잘 들어오는 베란다에 식물을 걸어두면 시각적으로도 아름답고, 공간 활용에 적합하다. 특히 투명한 용기를 화분으로 사용하면 햇빛 아래에서 반짝반짝 더욱 예쁘다.

사탕병의 화려한 변신
| I·D·E·A |

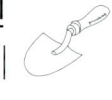

01 | 병을 재활용하여 사용한다.

02 | 간단하게 종이를 두르고 리본을 묶어 장식한다.

03 | 즉시 변신 효과가 생긴다.

시험관 걸이 | I·D·E·A |

01 노끈을 시험관에 감으면 독특한 스타일의 꽃병이 된다.

02 벽면에 건다.

03 생화 또는 수경 식물을 꽂아도 좋다.

조형감이 뛰어난 유리컵 꽃병
| I·D·E·A |

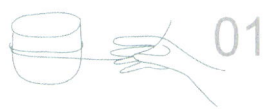

01 알루미늄 철사를 두 개의 작은 유리컵에 감은 다음에 작은 꽃병으로 사용하면 아주 귀엽다.

02 각각 몇 송이의 작은 꽃을 담는다.

03 가는 철사는 벽면을 부드럽게 장식하는 효과가 있다.

귀여운 딸기 앞치마 |I·D·E·A|

예쁜 앞치마를 입고 정원 작업을 하거나 화초를 다듬으면서 한가로운 오후를 정원에서 즐겁게 보내보자.

↘ 딸기 도안

가공하지 않은 천, 아크릴 물감, 투명 셀로판지, 수채화 붓, 칼, 사인펜

Steps

01 먼저 종이 위에 원하는 도안을 그리고, 다시 셀로판지 위에 사인펜으로 그린 다음, 칼로 도안을 파낸다.

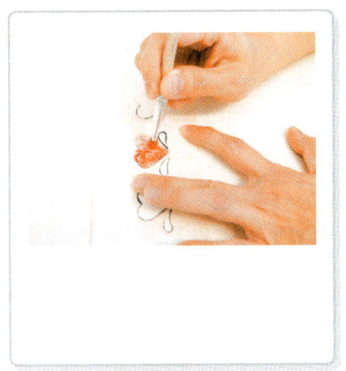

02 앞치마 위에 수채화 붓으로 아크릴 물감을 묻혀 칼로 파낸 부분을 채워 넣는다. 물감을 너무 많이 바르거나, 너무 세게 바르면 더러워질 수 있다.

03 잎맥과 딸기의 씨앗을 그려 넣으면 완성된다.

↘ 앞치마 만드는 법

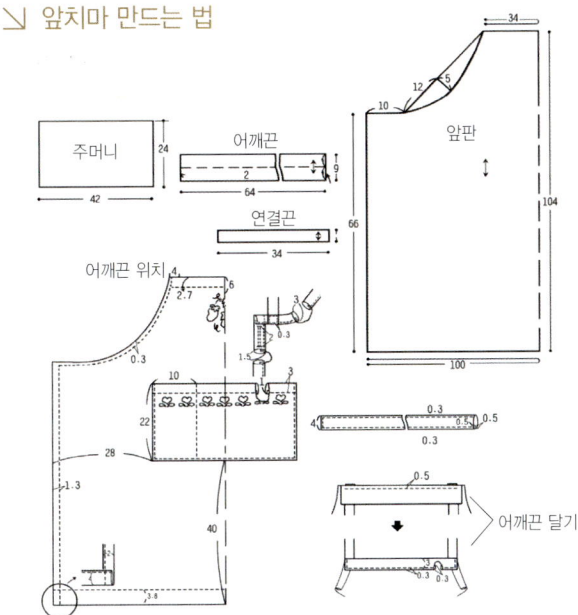

| IDEA |

알루미늄 캔으로
간단한 화분 만들기 | I·D·E·A |

귀여운 작은 풀꽃을 위해 예쁜 화분을 만들고 싶은가?
간단한 재료만 있으면
깜찍한 알루미늄 화분을 만들 수 있다!

알루미늄 캔, 포장지, 풀,
종이끈, 알루미늄 철사

Steps

01 알루미늄 캔의 포장껍질을 제거한 다음, 못 등으로 캔 밑바닥에 몇 개의 구멍을 뚫어 물이 빠질 수 있도록 한다. 포장지로 알루미늄 캔을 두른 다음 풀로 고정한다.

02 종이끈으로 리본을 만들어 묶는다.

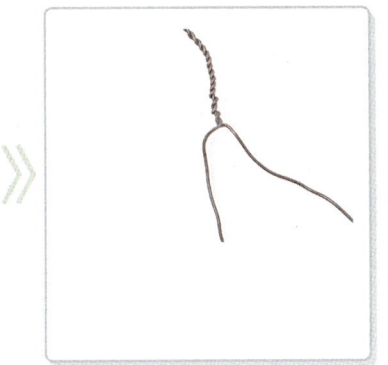

03 알루미늄 철사를 반으로 접어 교차되게 꼰다.

04 알루미늄 캔 입구 쪽에 꼬아 놓은 철사를 두른 다음에 걸 수 있도록 끝 부분을 남겨둔다.

| IDEA |

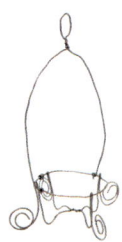

직접 만들어보는 철사 화분 받침 | I·D·E·A |

잘 구부러지는 알루미늄 철사로 원하는 모양의 화분 장식을 만들 수 있다.
조금만 신경 쓰면 화분이 화려하게 변신한다.

알루미늄 철사

Stuff

Steps

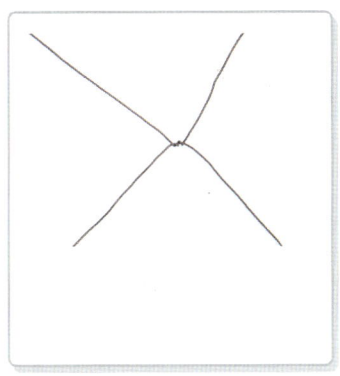

01 | 2개의 알루미늄 철사를 준비한 다음에 중간을 마주 꼬아서 고정시킨다.

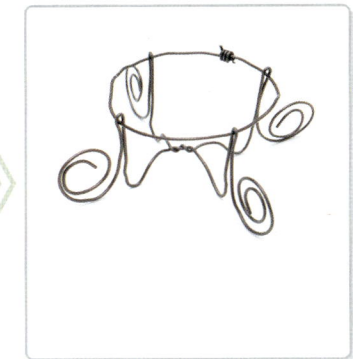

02 | 알루미늄 철사를 다시 하나 잘라서 화분이 들어갈 만한 사이즈로 둥근 틀을 만든다. 그런 다음에 1단계에서 2개의 철사를 이용하여 만든 것을 예쁘게 구부려서 화분을 지탱할 수 있는 받침으로 만든다.

03 | 알루미늄 철사로 걸이 부분을 만들고, 중간 부분에 걸 수 있도록 고리를 만든다.

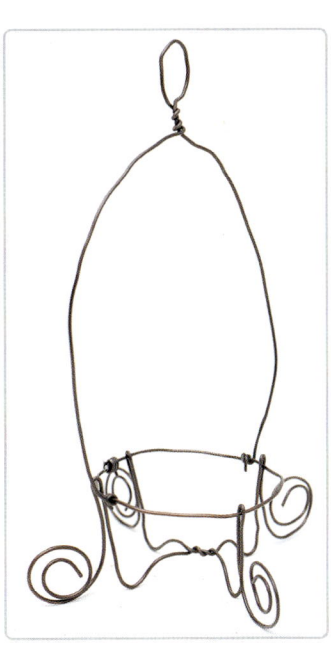

04 | 걸이 부분과 받침을 연결하면 완성된다.

베란다 정원의 배치 노하우 45가지 · 53

02 창의적인 디스플레이
I·D·E·A
독특한 아이디어가 차별화된 베란다를 만든다.

베란다 꾸미기에서 화분이나 소품의 위치 선정은 언제나 고민된다. 원근과 고저를 조절하는 2가지 원칙을 알게 된다면 베란다 정원을 더욱 넓어 보일 수 있도록, 더욱 활기차 보이도록 연출할 수 있다. 여기에 크고 작은, 색깔이 적당한 식물을 같이 놓으면 베란다가 이전처럼 칙칙하지 않게 될 것이다.

| 창의적인 디스플레이 01 | **야외 응용**

야외에 식물을 배치하려면 먼저 일조량과 베란다의 방향 등을 고려해야 한다. 자신의 베란다 방향이 동향인 경우에는 일조량이 충분하며, 남향이라면 식물을 키우기에 가장 이상적이다. 서향인 경우에는 반그늘이지만 해가 서쪽으로 질 때의 일조량이 비교적 크다. 북향도 반그늘이지만 겨울에는 북풍이 심하다.

나무 의자를 활용한
디스플레이 | I·D·E·A |

검은색으로 초벌칠을 하면 오래된 듯한 느낌을 표현할 수 있다. 이러한 의자는 높을 필요가 없으며, 간단한 식물을 놓아두면 아주 잘 어울린다.

? 어떻게 하면 가구에 엔틱 느낌을 줄 수 있을까?

01 | 사포를 준비한다.

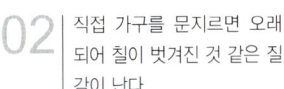

02 | 직접 가구를 문지르면 오래되어 칠이 벗겨진 것 같은 질감이 난다.

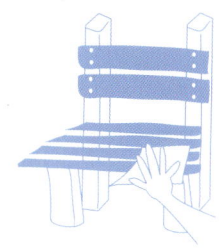

베란다 정원의 배치 노하우 45가지 · 55

창가도 베란다의 축소판이다 | I·D·E·A |

당신 집의 창가에는 무엇이 놓여있는가? 인테리어 소품?
아니면 아무 것도 없는 쇠창살? 여기에 작고 간단한 화분을 놓으면
큰 정원이 아니더라도 집안에서 꽃과 풀을 감상하는 즐거움을 맛볼 수 있다.

| 창의적인 디스플레이 02 | **디스플레이 활용**

창문은 집에서 바깥을 내다보는 공간이다. 단지 자연 광선이 들어오는 통로라고만 생각한다면 이 공간이 너무 아쉽다. 빛이 들어오는 위치에 심플한 화분을 몇 개 올려놓아 보자.

창틀의 작은 공간 | I·D·E·A |

창틀에 약간의 공간을 남겨두고 자기가 좋아하는 식물이나 화분을 올려놓으면 된다. 보기에 좋든 아니든 이곳에 식물을 두면 생기 있고 향기 나는 공간으로 탈바꿈하게 된다.

높낮이를 활용한 볼륨감 | I·D·E·A |

작은 테이블에도 식물을 놓을 때 높낮이를 조정하여 입체적으로 표현하면 더욱 풍성한 느낌을 받을 수 있다.

? 어떻게 높낮이를 배치해야 할까?

01 키가 낮은 식물을 앞에 놓고, 키가 큰 것을 뒤에 놓는다.

02 만약 모아심기를 하는 경우에는 중간에 키가 크고, 무성한 식물을 두도록 한다.

03 앞쪽에 두는 식물은 가능한 무성한 것으로 둔다.

식물과 정원 소품의 배치 | I·D·E·A |

만약 작은 화분을 두는 것만으로는 너무 단조롭다면 정원 소품 등을 같이 창가에 두면 창가의 표정이 더욱 풍부해진다.

적당한 사이즈의 화분을 선택한다 | I·D·E·A |

공간이 충분하다면 창가에 작은 화분을 몇 개 두면 밖을 볼 때에 더 많은 녹색을 감상할 수 있다.

유리병 + 생화 |I·D·E·A|

- 크기와 스타일이 다른 유리병에 좋아하는 꽃을 꽂아 창가에 나란히 두면 깨끗해 보이는 느낌이 여름날의 창가와 아주 잘 어울린다.

어떤 사람들은 실내에 화분을 두는 것을 좋아하지 않는데, 이런 경우에는 생화를 꽂아서 창가를 아름답게 장식할 수 있다.

| IDEA |

내추럴 스타일의 화분 + 소형 식물 | I·D·E·A |

심플한 화분에 식물을 심어서 창가에 놓거나, 작은 의자 위에
화분을 올려놓으면 내추럴 스타일의 창가가 완성된다.

❓ 어떻게 높낮이를 자연스럽게 연출할 수 있을까?

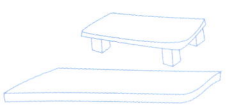 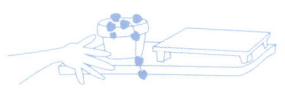 

01 | 높낮이가 다른 선반이나 받침 등을 준비한다.

02 | 아이비 같이 잎이나 가지가 아래로 늘어지는 식물을 잘 활용한다.

03 | 화분을 상하로 배치하거나, 식물의 시선을 서로 마주보게 하여 흐름을 연결해준다.

소형 다육식물들은 벽을 예쁘게 장식하기 때문에 담장 위에 작은 화분을 만들어 올려놓으면 아주 보기에 좋다.

오래된 의자 위에 화분을 올려놓고 베란다에 두면 공간을 화려하게 장식하는 시각적 효과가 있다.

창의적인 디스플레이 03 | 길게 늘어뜨리기

적당한 선반, 사다리 또는 가구 등을 이용하여 화분을 걸 수 있다. 걸었을 때 시각적 효과가 뛰어난 식물은 돋보이게 배치하는 요령을 필요로 한다. 만약 잘 모르겠다면 자기가 좋아하는 것부터 시작하도록 하자.

이목을 집중시키는
걸이식 화분 | I·D·E·A |

벽 한쪽을 작고 귀여운 걸이식 화분으로 장식하면 시선을 끄는 효과가 있으며 새롭고도 소박한 분위기를 조성할 수 있다.

늘어지는 화분으로
공간 꾸미기 | I·D·E·A |

벽면에 너무 많은 식물을 두고 싶지 않다면 잎과 줄기가 늘어지는 식물을 선택해서 적은 화분으로 벽면에 화초 공간을 꾸며보도록 하자.

벽면의 유리병에 수경 식물을 키워보자 | I·D·E·A |

벽이 깨끗한 흰색이라면, 간단한 소품 외에 물병을 하나 걸어서 그 안에 수경 식물을 키울 수 있다. 녹색 잎이 아래로 길게 드리워지면 깨끗하면서도 시원한 느낌을 줄 수 있다.

| IDEA |

창의적인 디스플레이 04 | 집에 있는 물건 재활용하기

집안에는 사용하지 않거나, 공간만 차지하는 물건이 늘 있게 마련이다. 버리기는 아깝지만 집안에 두기에는 자리를 차지한다 싶으면, 적절하게 재활용하여 베란다에 두고 추억을 회상해 보도록 하자.

얼룩덜룩 흔적이 남아 있는 것이 더 멋스럽다 | I·D·E·A |

특이한 형태의 물뿌리개는 베란다 한 구석을 장식하기에 좋은 소품이다. 뒤쪽에 있는 마차 바퀴 등도 옛 분위기를 느낄 수 있게 해준다.

오래된 물건도 버리지 말자 | I·D·E·A |

낡은 찜통이나 시루를 벽에 걸어 선반으로 활용할 수 있다. 실용적이면서도 보기에 좋다.

돌멩이도 훌륭한 소품이다 | I·D·E·A |

돌멩이는 대부분 둥글둥글한 것이 많은데, 작은 화분 사이에 놓아두면 표정이 더욱 풍부해진다.

파라핀 화분 | I·D·E·A |

풍선의 겉면에 파라핀을 입혀 만든 화분이다. 창의적이면서도 정원에 잘 어울리는 소품이다.

Stuff 풍선, 녹인 파라핀

Steps

01 풍선에 물을 담아 동그랗게 만든다. 물 풍선을 중탕으로 녹인 파라핀 안에 담가서 한 겹 한 겹 파라핀을 입힌다. 여러 번 반복하면 파라핀이 두꺼워진다.

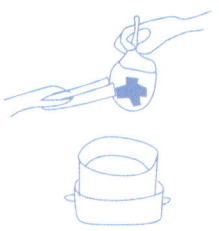

02 잎을 파라핀 위에 붙인다.

03 물이 담겨있는 풍선을 터트리면 파라핀 화분이 완성된다.

04 화분의 입구를 다듬은 다음 식물을 집어넣으면 된다.

병뚜껑 선인장 | I·D·E·A |

병뚜껑 밑에 작은 구멍을 뚫고 흙을 채우면 여기에 미니 선인장을 심을 수 있다. 선인장이기 때문에 물을 자주 줄 필요는 없다. 세제 병뚜껑은 견고하고 내구성이 좋아 개성 있는 화분으로 사용하기에 좋다.

작은 화분 받침 | I·D·E·A |

음식을 포장할 때 사용하는 플라스틱 뚜껑은 화분 받침으로 재활용이 가능하다. 돈이 들지 않을 뿐만 아니라, 사이즈도 알맞다.

| IDEA |

버려진 나무를 활용한 스탠드 | I·D·E·A |

나뭇가지에다가 쉽게 구할 수 있는 전등을 달면 세상에 단 하나뿐인 나만의 스탠드가 완성된다.

Stuff 버려진 나무, 가는 나뭇가지 3개, 전구

Steps

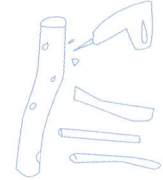

01 주요 기둥이 될 나무에 3개의 구멍을 뚫고, 가는 나뭇가지 3개를 끼워 넣는다.

02 받침이 될 나무에다가 구멍을 뚫어 스탠드의 기둥을 고정시킨다. 그런 다음 나무를 전체적으로 다듬어서 정리해 준다.

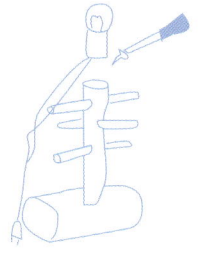

03 마지막으로 전구를 기둥의 꼭대기에 연결한다.

지점토 + 시험관 꽃병 | I·D·E·A |

지점토는 문구점에서 쉽게 구할 수 있는 재료이다. 유리 시험관은 원래 실험실에서 사용하는 것이지만 베란다 꾸미기에 사용하면 또 어떤 모습으로 바뀌게 될까?

Stuff 지점토, 시험관

Steps

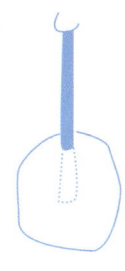

01 지점토를 반죽하여 부드럽게 만들고 약 8cm 정도 크기로 뭉친다. 젓가락으로 구멍을 뚫고 그 구멍을 점점 크게 만들어준다.

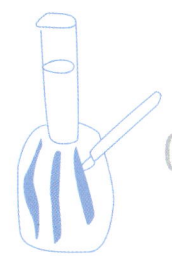

02 시험관을 구멍 안에 넣고, 바닥을 고정할 수 있도록 평평하게 한다. 마르기를 기다렸다가 그 위에 색칠을 한다.

| IDEA |

다양한 무늬의 귀여운 화분 | I·D·E·A |

기존에 판매되는 화분들은 엇비슷하여 다양한 표정을 느낄 수 없다. 직접 무늬를 넣어 나만의 화분을 만들어 보자. 파란색과 하얀색의 점무늬 등을 그려 넣으면 더욱 시원해 보인다.

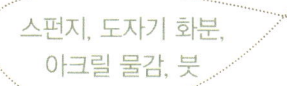 스펀지, 도자기 화분, 아크릴 물감, 붓

Stuff

Steps

01 | 스펀지에 원하는 문양을 그린다.

02 | 가위로 그려놓은 문양을 잘라 작은 도장처럼 만든다.

03 | 먼저 도자기 화분을 하얀색으로 초벌칠을 한 다음 다시 하늘색, 파란색 물감으로 칠한다.

04 | 스펀지에 물감을 묻혀 도자기 위에 원하는 도안과 색깔로 찍는다.

| IDEA |

03 간단한 목공 작업

간단한 목공 작업으로 정원에 다양한 변화를 줄 수 있다.

목공 작업을 하려면 주말이 적합하다. 간단한 목공 작업으로 나무 사다리나 플랜트 화분, 원예 수납상자 등을 만들어 베란다에 두면 스타일을 살릴 수 있을 뿐만 아니라, 독특한 분위기를 조성할 수 있고 또한 창조의 즐거움도 만끽할 수 있다!!

동심 + 식물 | I·D·E·A

벽면에 나무 재료로 만든 소품을 걸어 작은 공간을 다양하게 꾸밀 수 있다.

? 주워온 작은 나뭇가지를 어떻게 활용할 수 있을까?

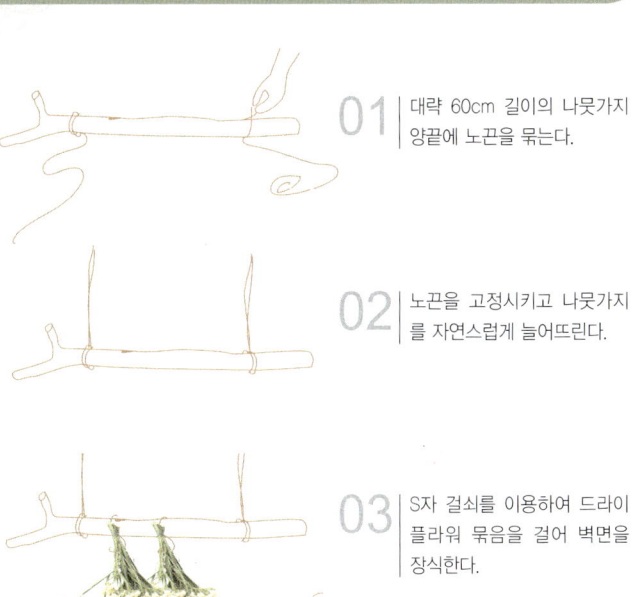

01 | 대략 60cm 길이의 나뭇가지 양끝에 노끈을 묶는다.

02 | 노끈을 고정시키고 나뭇가지를 자연스럽게 늘어뜨린다.

03 | S자 걸쇠를 이용하여 드라이 플라워 묶음을 걸어 벽면을 장식한다.

해바라기 정원 표지판 | I·D·E·A |

정원 표지판은 집의 문패와 마찬가지로 정원의 스타일을 대표하는 효과가 있으며, 들어서는 사람들의 이목을 집중시킨다.

Stuff

낡은 냄비받침(혹은 CD), 모자이크 타일, 나무 조각, 노끈, 동 철사, 동 조각, 아크릴 물감

Steps

01 낡은 냄비받침이나 CD를 준비한다.

02 냄비받침 위에 모자이크 타일을 붙인다.

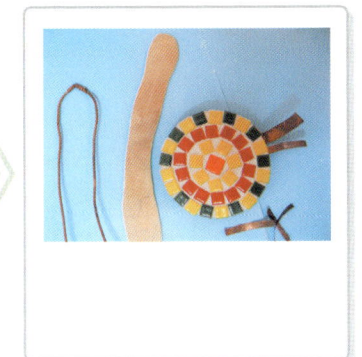

03 나무 조각, 노끈, 동 철사, 동 조각을 준비하고, 나무 조각 주변에 구멍을 뚫어 노끈으로 나무와 동 철사를 연결한다. 또한 동 조각을 모자이크 판 주변에 붙인다.

04 마지막으로 마른 나뭇가지를 준비하여 모자이크 바닥과 동 철사와 연결한 나무 조각을 연결하여 고정한다. 나무 조각 위에 아크릴 물감으로 글자를 적으면 완성된다.

내추럴한 스타일의 공구 걸이 | I·D·E·A |

두꺼운 나무판에 주워온 몇 개의 나뭇가지를 조립하면 창의력이 돋보이는 공구 걸이가 완성된다.

Stuff

너무 가늘지 않은
마른 나뭇가지를 줍도록 한다.

*마른 나뭇가지,
두꺼운 나무판*

Steps

01 그라인더로 두꺼운 나무판의 표면을 평평하게 간다.

02 나뭇가지 3개를 나무판에 대고 위치를 확인한 다음, 연필로 나무판 위에 표시를 해둔다.

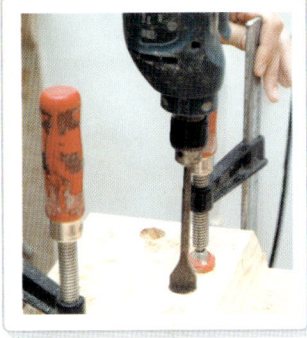

03 전동 드릴로 표시한 부분에 구멍을 뚫는다. 이때 나뭇가지보다 약간 작게 뚫어 헐겁지 않도록 한다.

04 분무기로 나무판을 그을려 고풍스러운 스타일을 만들어 낸다.

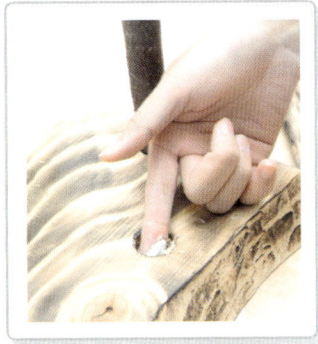

05 나무판 구멍에 본드를 넣어 나뭇가지가 잘 고정될 수 있도록 한다.

06 나뭇가지를 돌려가면서 나무판에 잘 꽂는다.

07 다시 가로로 얹을 나뭇가지를 하나 구해서, 그중 두 가지에 나사를 박아 고정시킨다.

08 가로로 얹는 나뭇가지 위에 못을 박아 공구를 걸 수 있도록 한다.

09 내추럴한 스타일의 공구 걸이가 완성되었다!

순백의 심플한 꽃 상자 | I·D·E·A |

하얀 꽃 상자는 꽃 색깔을 가장 돋보이게 해준다. 기능성도 뛰어나 꽃의 추위를 막아주기도 하며, 장식 또는 수납 등에 모두 활용할 수 있다.

Stuff

나무 상자, 나무판(가로, 세로, 바닥용), 하얀 페인트, 경첩

Steps

01 | 버려진 나무 상자를 재활용한다.

02 | 나무 상자의 가로, 세로를 잘 측정한 다음, 남은 부분은 톱으로 잘라낸다.

03 | 사포로 나무 표면을 부드럽게 갈아낸다.

04 | 잘라놓은 가로면, 세로면, 덮개, 바닥 등을 모두 하얀 페인트로 칠하고, 마르기를 기다린다.

05 | 전기 드릴로 각 부분을 연결한다.

06 | 나무 덮개와 뒷면을 경첩으로 연결한다.

07 | 개폐식 나무 상자가 완성되었다.

파란색의 나무 화분 | I·D·E·A |

붓의 흔적이 있는 파란색의 나무 화분은 아주 가볍고 정교하다.
무겁지 않고 손쉽게 옮길 수 있어 언제나 놓을 자리를 쉽게 정리할 수 있다.

Stuff

나무판, 그림 도안, 아크릴 물감

Steps

01 | 화분의 사이즈를 잘 생각한 다음, 나무판에 선을 긋고, 실톱으로 절단한다.

02 | 먼저 전기 드릴로 구멍을 뚫은 다음, 실톱을 구멍 안으로 넣는다.

03 | 실톱으로 모양을 따라 잘라낸다.

04 | 잘라 놓은 나무판을 조합하여 모양을 만들고, 접촉면에 본드를 발라서 붙인 다음, 다시 작은 못을 박는다.

05 | 색을 칠하고, 사포로 문질러 오래된 것 같은 흔적을 만든다.

06 | 책에서 도안을 복사한 다음, 칼로 도안을 오려낸다. 스텐실 방식으로 색깔을 입힌 다음 건조시키면 바로 완성된다.

주말에 직접 만드는 베란다 수납 의자 | I·D·E·A |

이것은 어린이용 의자로 활용할 수도 있고, 수납함으로도 활용이 가능하다. 모두 수작업으로 만든 것으로, 보고 나면 당신도 직접 만들어 보고 싶어질 것이다!

필요한 트리머 날
- 3mm V형
- 3mm R형
- 12mm 일자형

Stuff

공구 재료 / 트리머, 실톱, 연마기, 충전식 전기드릴, 철추, 직각자, 줄자, 대패
금속 부품 / 경첩, 나사 2인치, 코르크 마개 9mm, 수지

사이즈 / 써던 옐로우 파인 나무 (두께 2cm)
A : 뒷면 37×45cm 한 장
B : 옆면 30×23cm 두 장
C : 바닥면 (12mm) 13.5×31.2cm 세 장
D : 받침 30×37cm 한 장, D1 받침 나무목 5~37cm 한 장
E : 보강 나무목 3×22cm 두 장
F : 앞면 34×23cm 한 장

| IDEA |

Steps

01 A | A판에 필요한 도안을 그린 다음에 전기 드릴로 구멍을 뚫는다.

01 B | A판의 아래에서 2.4cm 되는 부분과 좌우 2.5cm 되는 곳에 드릴로 구멍을 뚫는다. F 앞면 좌우 1cm 되는 곳에도 마찬가지로 구멍을 뚫는다.

02 A | 트리머에 12mm 커터를 장착하여 A B F 각 나무판의 아래쪽에 5cm 되는 부분에 골을 만든다. 골의 깊이는 6mm로 한다. A판의 좌우 양쪽 2.5부분에는 골을 만들면 안 된다.

02 B | F판 좌우 1cm되는 부분에는 골을 만들면 안 된다.

02 C | B판은 왼쪽에서 오른쪽까지 모두 골이 필요하다.

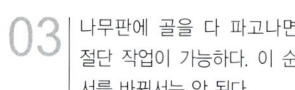

03 | 나무판에 골을 다 파고나면 절단 작업이 가능하다. 이 순서를 바꿔서는 안 된다.

각 나무판의 가공

04 A | A판에 하트형으로 모양을 파내고, 아래쪽의 선은 임의로 바꿔가면서 자르면 된다.

04 B | F판의 위쪽 골 부분은 손이 끼는 것을 방지하기 위함이므로 가능한 둥글게 처리한다.

05 | 먼저 C 바닥면 3개를 합한 다음에 남은 부분을 잘라낸다. 그런 다음 A와 B를 연결하여 나사를 끼워 넣는다.

06 | 목공용 고정 장치로 A B판을 고정한 다음, 나사로 고정한다. 각 나무판을 연결할 때에는 반드시 수지를 발라야 가능하다. 나사로 고정하기 전에 먼저 전체적으로 평형이 맞는지 잘 조절한 다음에 다시 고정 장치로 고정해야 모양이 어그러지지 않는다.

07 | A판을 D1에 연결한다.

08
A | D판을 E와 연결시킨다. (거리를 주의해야 하며, F판을 넘어가서는 안 된다.)

08
B | 모든 나사 구멍에 코르크 마개를 채워 넣는다.

09 | D1과 D 사이에 경첩을 달아 연결한다.

10
A | 조립이 완성되고 나면, 아래쪽부터 유성 염색제로 칠을 시작한다.

10
B | 일부분을 다 칠하고 나면 칠이 마르기를 기다리기 전에 여분의 칠을 천으로 닦아낸다. 이렇게 하면 균일하게 칠할 수 있다.

11 | 완성되었다.

Tips

- F판에 도안을 넣어 가공하고 싶다면 먼저 원하는 형태를 스케치한 다음, 트리머에 3mm V형 날을 장착하여 조각을 하면 된다.

- 각 나무판에 투각을 하는 형식으로 잘라낸 다음에 트리머에 R형 날을 장착하여 거꾸로 다듬는다.

- 모든 나무판의 가공이 끝나고 나면 다시 연마기(그라인더)로 연마를 하고, 다시 조립을 시작하면 된다.

| IDEA |

베란다의 화분걸이 | I·D·E·A |

직접 만든 소박한 스타일이 유행하면서, 최근 집안 소품을 직접 만드는 사람들이 많아졌다. 만약 집에 있는 재료를 활용한다면 더욱 멋질 것이다. 나무판을 연결하여 벽걸이형 선반을 만들고 그 위에 화분을 올려놓으면 입체적인 정원 소품이 된다.

나무, 본드, 철사, 나사, 못 박는 기계, 실톱 기계

Stuff

Steps

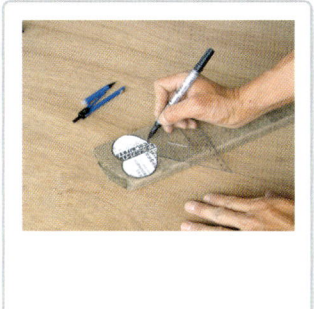

01 | 나무를 먼저 다듬은 다음, 나무판에 원하는 선을 그려 넣는다.

02 | 실톱 기계로 외형을 잘라낸다.

03 | 톱질이 완료된 재료들을 준비한다.

04 A | 나무판에 본드를 칠한다.

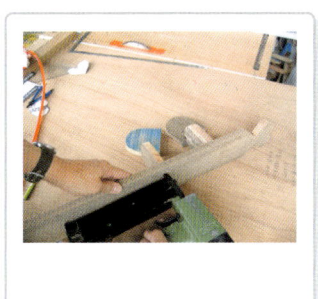

04 B | 수평을 잘 맞춘 다음, 못 박는 기계로 박는다.

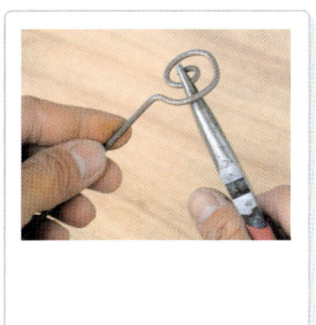

05 | 철사를 구부려 모양을 만들면 걸개 고리가 완성된다

| IDEA |

Stuff

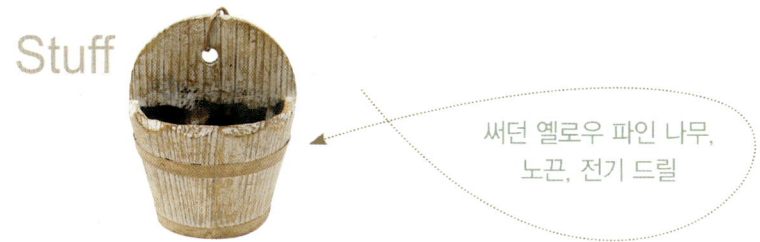

써던 옐로우 파인 나무, 노끈, 전기 드릴

Steps

01 써던 옐로우 파인 나무를 약 45cm 길이로 5개 준비한다.

02 잘라 놓은 나무판 위의 네 모서리의 구멍 사이즈는 반드시 노끈이 통과할 수 있을 만큼 되어야 한다.

03 각 나무판에 2개의 구멍을 뚫어 화분을 고정할 수 있도록 한다.

04 네 개의 노끈 끝에 매듭을 매고, 약 50cm마다 표시를 해둔다. 4단으로 표시를 한 다음에, 약 60cm 정도를 남겨둔다.

05 네 개의 노끈을 네 개의 나무판 구멍에 넣은 다음, 표시해둔 부분을 매듭으로 묶는다. 그런 다음에 다시 다른 나무판 구멍에 넣고 마찬가지로 매듭을 묶는다. 이렇게 나무판을 고정시키는데 이때 각 끈의 높이가 일정하도록 주의해야 한다.

06 나무판이 모두 고정되면 양쪽 노끈 끝에 매듭을 만든다. 나무 사다리가 완성된다.

베란다의 행복사다리 | I·D·E·A |

직접 만든 사다리 선반 위에 예쁜 화분을 올려놓거나 주인이 좋아하는 소품을 둘 수도 있다. 장식성과 실용성, 재미 등을 모두 갖춘 창의적인 목공 작품이면서도 그다지 자리를 차지하지 않는다.

04 화초 모아 심기
다양한 화초를 모아 새로운 스타일을 연출할 수 있다.

화초 외에 작은 관엽 식물이나 나무 등을 활용하여 다양한 높이의 화분을 만들 수 있다. 풍부한 스타일의 화초 모아 심기는 또 하나의 미니 정원이다.

세발자전거에도 꽃을 실을 수 있다. | I·D·E·A |

정원에서 종종 볼 수 있는 귀여운 소품이다. 약간만 활용하면 공간을 발랄하고 귀엽게 장식할 수 있다. 자전거 뒤쪽에 코스모스를 가득 심은 나무 상자를 싣고, 앞에는 보라색 도라지를 놓아두면 마치 행복을 가득 싣고 집으로 돌아가는 것처럼 보인다.

Tips
코스모스는 한해살이풀이며, 햇빛이 충분한 장소에서 잘 자란다. 도라지 꽃의 일부 꽃봉오리를 미리 제거하면 더욱 예쁘게 피어난다.

꽃이 떨어지면 다른 곳으로 옮겨 심는다.

모아심기를 한 경우에 어떤 꽃은 오래 피고, 어떤 꽃은 금방 지기도 한다. 나무도 있고, 화초도 있어 각각 생장 주기가 다르다. 일단 일부 꽃이 시들어 떨어지고 나면 그 꽃들을 다른 곳으로 옮겨 심어주자. 이로써 시간이 지날수록 꽃들의 자라날 공간이 부족한 상황을 피할 수 있다.

2	1	1	1
	1	1	1

사용 식물
1. 코스모스, 2. 도라지

종이 쇼핑백의 활용 | I·D·E·A |

일반적으로 종이 쇼핑백은 물건을 담아 옮기는 역할을 한다. 하지만 화분으로도 활용이 가능하다! 황토색 쇼핑백은 복고적인 느낌을 준다. 종이 쇼핑백은 비교적 깊게 설계되어 있기 때문에 3인치 정도의 화초를 넣으면 완전히 보이지 않게 된다. 화초가 보일 수 있도록 쇼핑백 앞면 일부를 칼로 원하는 모양대로 잘라내어 독특한 분위기를 연출하자.

사용 식물
1. 호야, 2. 데이지, 3. 가자니아

```
  2
          1
  3
```

Tips
종이 쇼핑백 바닥 부분에 플라스틱 받침을 두어 방수가 되도록 한다.

```
  2     2
     1     1   2
  2
        2
```

사용 식물
1. 수레국화 2. 나도샤프란

등나무 가방도 화분이 될 수 있다 | I·D·E·A |

등나무 가방은 원래 그 자체의 멋을 가지고 있다. 이를 화분으로 활용하면 인테리어 효과가 뛰어나다. 수레국화나 나도샤프란을 여기에 심으면 시원하고 깨끗한 느낌을 연출할 수 있다.

Tips

바구니 안에 비닐봉지를 깔고 아래쪽에 몇 개의 구멍을 뚫어 배수가 잘 되도록 한다. 이렇게 하면 화분의 사용 수명을 늘릴 수 있다.

사용 식물
1. 패랭이꽃(빨강)
2. 패랭이꽃(흰색 테두리)

Tips
만약 화초를 실내로 옮기고자 한다면 가장 좋은 장소는 바로 창가이다. 또한 수시로 옮겨줘야 식물들도 건강하게 자랄 수 있다.

구식 다리미의 재발견 | I·D·E·A |

오랫동안 보지 못했던 구식 다리미는 얼마나 오랫동안 처박혀 있었는지 기억도 나지 않는다. 그 다리미를 꺼내어 1~2개의 작은 화초를 심으면 아주 복고적 분위기가 난다. 크고 작은 구식 다리미를 같은 재료, 다른 스타일로 꾸미게 되면 색다른 화분 조합이 된다!

돌구유의 활용 | I·D·E·A |

돌구유는 가축의 먹이를 담는 그릇이었다. 요즘에는 옛날을 기억하게 하는 추억의 상품으로 많은 사람들에게 사랑받고 있다. 돌구유 안에 화려한 색깔의 화초를 심어 공간을 전체적으로 밝게 꾸미도록 한다.

Tips
요즘 돌구유에는 배수 구멍이 미리 뚫어져 있다. 흙을 덮기 전에 먼저 부직포를 배수구멍 있는 곳에 깔아서 흙이 유실되지 않도록 한다.

사용 식물
1. 도라지 2. 로벨리아 3. 펜타스
4. 데이지 5. 가자니아

| IDEA |

귀엽고 심플한 화분 세트 | I·D·E·A |

만약 심플하면서도 활용도가 높은 화분 세트를 갖고 싶다면 몇 개의 양철 화분을 준비하여 화초를 심고 통일성있게 장식하면 귀여우면서도 간단한 화분 세트가 완성된다. 그날 기분에 따라 화초를 바꾸면 베란다에서 즐기는 시간이 좀 더 길어질 것이다.

화분, 식물, 하이드로볼, 양면테이프, 잎, 라피아 끈, 나무 수반

Stuff

Steps

01 화분 안에 하이드로볼을 약간 넣는다.

02 화분을 넣은 다음 다시 하이드로볼을 채워 넣는다.

03 잎사귀 뒤에 양면테이프를 붙이고 이를 화분에 다시 붙인다.

04 라피아 끈으로 화분을 두르고 리본으로 묶는다.

05 3개의 서로 다른 화초를 심은 다음 나무 수반에 넣으면 완성된다.

Part III
3색 계열 화초로 꾸미는 다채로운 베란다

꽃시장에서 저렴하고도 다양하게 판매하는 한해살이풀은 베란다를 꾸미기에 아주 적합하다. 꽃이 피는 시기가 길지 않기 때문에 매년 새로운 종류들로 넘쳐난다. 녹색 식물이 주인공이 되는 베란다 정원에서 화려한 꽃들은 돋보이는 장식이 될 것이다. 만약 원예 초보자라면 자기가 좋아하는 꽃부터 시작하도록 하자. 몇 번의 경험을 통해 자기가 어떤 식물을 잘 키우고 좋아하는지 점차 알게 될 것이다.

| PLANT |

간단한 실내 화단 | P·L·A·N·T |

작은 화분상자는 로벨리아, 데이지 같이 생장 속도가 빠르지 않은 화초를 심기에 적합하다. 그렇지 않으면 화초가 너무 빨리 자라 화분이 금방 작아지게 되어 어울리지 않는다. 심플하게 데이지 한 종류만을 사용하여 심어도 귀엽고 화려한 효과를 낼 수 있다. 이를 창가 또는 베란다에 두면 전체가 화사해지는 효과가 있다.

화분, 화초, 하이드로볼, 양면테이프, 잎, 라피아 끈, 나무 수반

Stuff

Steps

01 화분 안에 화초를 넣어보며 몇 개를 넣으면 적합한지 체크한다.

02 화분 안에 먼저 흙을 얇게 깐다.

03 데이지의 1회용 비닐 화분을 벗긴 다음 화분 안에 넣는다.

04 흙을 원래 식물이 심어져 있는 높이까지 보충한 다음, 흙을 덮고 줄기가 다치지 않도록 가볍게 다져준다.

Stuff

플라스틱 걸이식 화분, 아프리카 봉선화

Steps

01 | 식물을 심기 전에 플라스틱 화분 아래에 부직포를 깐다.

02 | 손으로 식물을 잡고 1회용 비닐 화분을 벗겨내면 쉽게 빠진다.

03 | 수시로 순치기만 해주면 무성하게 자라난다. 그러므로 심을 때에 충분한 공간을 남겨두도록 한다.

간단한 걸이식 화분 | P·L·A·N·T |

화초는 일반 화분 외에 걸이식 화분에 심어서 공간을 장식할 수도 있다. 걸이식 화분의 최대 특징은 모든 방향에서 화초를 감상할 수 있으며, 또한 공간을 많이 차지하지 않는다는 것이다. 정원이든 베란다든 햇빛이 들어오는 곳이라면 예쁜 화초들을 심어 화사하게 장식할 수 있다. 현대적인 분위기의 집에 잘 어울린다.

3색 계열 화초로 꾸미는 다채로운 베란다

| PLANT |

간단한 삽목 번식법 | P·L·A·N·T |

삽목으로 번식하는 것은 원예 초보자가 꼭 직접 해 보아야 한다. 원래 식물의 뿌리, 줄기 또는 잎을 잘라 흙에 심기만 하면 새로운 식물이 자라나게 된다. 잘 하기만 하면 하나의 화분이 여러 개로 늘어날 수도 있다. 화초가 싱싱하게 자라나는 모습을 보면 성취감을 맛볼 수 있다.

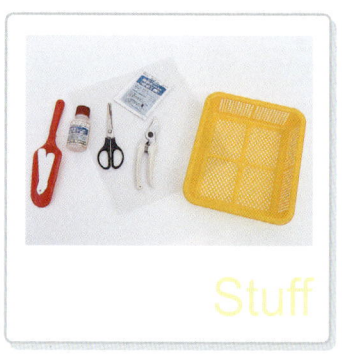

Stuff

펜타스, 이름표, 삽, 플라스틱 바구니, 가위, 뿌리 촉진제

Steps

01 튼튼하게 자란 가지를 선택하여 꽃이 있는 부분을 잘라낸다.

02 삽목을 하기 위해서는 꽃이 있어서는 안 되기 때문에 작은 꽃순 등을 잘라내야 한다.

03 이미 자란 잎들은 영양분과 수분을 뺏기 때문에 큰 잎의 절반 정도를 자른다.

04 줄기를 10~15cm 길이로 자른다.

05 줄기의 아랫부분에 있는 잎들을 제거한다.

06 가루 형태의 뿌리 촉진제를 컵 안에 부어 넣는다.

07 잘라낸 줄기 아래 부분에 뿌리 촉진제를 묻힌다.

08 잘라낸 줄기를 4~5cm 간격으로 흙에 심는다.

09 마지막으로 물을 주는 것도 잊지 말자.

| PLANT

분홍, 빨강 계열

분홍색은 사람들에게 낭만의 상징으로 인식되고 있다. 그리고 빨강색은 열정적인 색깔이다. 두 가지 색깔은 일반적으로 동일한 식물 종류에서 모두 나타나는 경우가 많다. 예를 들어 코스모스, 패랭이꽃 등은 모두 명암이 다른 붉은색 계통이며, 정원에 이들을 두면 상당히 로맨틱한 분위기를 연출할 수 있다.

화초는 일반적으로 화분 식물들에 비해 저렴하기 때문에 꽃시장에 가서 꽃을 선택할 때에는 어떤 화분에 담을 것인지, 자신의 재배 환경은 어떠한지 등을 고려하여 구입해야 한다.

펜타스
- 다른 이름 / 초본펜타스
- 과 목 / 꼭두서니과
- 개화기 / 1년 내내
- 일조량 / 전일조량
- 식물 높이 / 30~100cm
- 물주기 / 펜타스는 수분을 많이 필요로 한다. 충분히 물을 주면 잘 자란다.
- 특 징 / 키가 크게 자라는 종류와 작은 종류 두 가지가 있다. 작은 종류는 베란다에서 키우기에 적합하다. 꽃이 지고 난 다음 전체 꽃가지를 잘라내면 다시 꽃이 핀다. 꽃 색깔은 도홍색, 빨강색 외에도 분홍색, 연보라색, 흰색 등이 있다.

패랭이꽃
- 다른 이름 / 석죽화, 대란
- 과 목 / 석죽과
- 개화기 / 가을에서 봄까지
- 일조량 / 전일조량
- 식물 높이 / 20~25cm
- 물주기 / 패랭이꽃은 습한 환경을 좋아하지 않기 때문에 흙에 물이 고이지 않도록 해야 한다. 물을 줄 때에는 직접 흙에다 주고, 꽃에 물이 묻지 않도록 주의한다.
- 특 징 / 서늘한 기후를 좋아하며, 꽃은 방사형이다. 꽃이 완전히 피게 되면 꽃송이가 평평하게 활짝 핀다. 꽃 색깔은 아주 다양하다. 도홍색 외에 흰색, 분홍색, 진보라, 흰 테두리 패랭이꽃 등이 있다.

안젤로니아
- 과 목 / 현삼과
- 개화기 / 1년 내내
- 일조량 / 전일조량
- 식물 높이 / 25~30cm 정도가 가장 쉽게 볼 수 있다. 일부 품종은 1m까지 자라기도 한다.
- 물주기 / 물을 좋아한다. 흙이 약간 마르면 바로 물을 주도록 한다.
- 특 징 / 잎과 꽃송이가 모두 아주 연약하며, 적심을 하지 않아도 아주 잘 자란다. 꽃 색깔은 분홍색, 흰색, 보라색 등이 있다. 꽃시장에서 판매하는 안젤로니아는 대부분 삽목법을 통해 번식한 것이다. 가지가 많고 줄기가 굵은 것으로 선택하도록 한다.

사철베고니아

과　목 / 베고니아과
개화기 / 가을에서 봄까지
일조량 / 전일조량에서 자라면 키가 작고 조밀하게 자라며, 꽃 색깔은 진한 편이다. 반그늘에서 키우면 식물이 약간 크고 가늘어지며 색깔도 연해진다.
식물 높이 / 15~30cm
물주기 / 흙 표면이 다소 건조해 보이면 물을 준다. 물은 흙 위에 바로 줘야 하며, 병충해 방지를 위해 잎에는 직접 물을 주지 않도록 한다.
특　징 / 빨강색, 흰색, 등적색, 분홍색 등으로 다양하며, 잎도 녹색, 검은색 등의 두 종류로 구분된다. 구입할 때 잎사귀가 두툼하고, 키는 작고 조밀하게 자란 것으로 선택한다.

코스모스

다른 이름 / 추앵(秋櫻)
과　목 / 국화과
개화기 / 늦가을에서 봄까지
일조량 / 전일조량
식물 높이 / 50~150cm
물주기 / 수분을 그다지 많이 필요로 하지 않는다. 겨울에는 2~3일에 한번 물을 주면 된다.
특　징 / 코스모스는 50cm 정도 자랐을 때부터 꽃이 피기 시작한다. 꽃이 많이 피는 크기는 약 70~100cm가 되었을 때이며, 다양한 색깔의 꽃이 많이 피게 된다. 줄기는 가늘고 약하기 때문에 바람이 강하게 부는 곳을 피해두도록 한다.

안개꽃

과　목 / 석죽과
개화기 / 1년 내내
일조량 / 전일조량, 반그늘
식물 높이 / 20~25cm
물주기 / 약 1~2일마다 물을 한 번씩 주면 된다. 물을 줄 때에는 직접 식물에 닿지 않도록 한다. 그렇지 않으면 물이 고여 썩을 수 있다.
특　징 / 내한성 식물이며, 다습을 싫어한다. 배수가 잘 안될 때에는 뿌리 부분이 쉽게 썩게 된다. 꽃의 색깔은 연보라부터 연분홍 등 다양하며 꽃송이는 작고 여러 송이가 핀다. 홑겹과 겹꽃으로 구분되며 아주 우아하다. 다른 식물들과 섞어 심기에 매우 적합하다.

칼랑코에

과　목 / 돌나물과　　개화기 / 11~5월
일조량 / 반드시 전일 햇빛이 잘 드는 곳에서 키워야 한다. 한여름의 무더위에는 약간 시원한 곳으로 옮겨 주도록 한다. 겨울에 일조량이 풍부하면 꽃 색깔이 더욱 선명해진다.
식물 높이 / 품종이 다양하며, 10cm, 15~20cm, 50cm 등의 상품이 시장에 나와 있다.
물주기 / 배수가 잘 되는 흙과 화분을 사용하여 물이 절대 고이지 않도록 한다. 여름에 물을 적게 주면 여름을 더욱 잘 보낼 수 있다. 흙 표면이 건조해 보이면 물을 주도록 한다.
특　징 / 별 모양의 꽃은 도톰하고, 색깔도 선명하다. 최근에 출시되는 꽃은 장미처럼 겹꽃도 많기 때문에 관상 가치가 더욱 높다. 칼랑코에의 꽃을 감상할 수 있는 기간은 매우 길며, '장수'라는 의미를 갖고 있기 때문에 생일선물로도 적합하다. 키는 작고 조밀하게 자란 것으로 선택한다.

| PLANT |

노랑, 오렌지 계열

노란색은 밝은 햇빛의 분위기를 가지고 있다. 시원한 계절에는 노란색과 오렌지색 계열이 활기차고, 원기가 충만한 느낌을 주기 때문에 정원을 따뜻하고 들뜬 분위기로 만든다.
노란색 화초는 국화과 식물이 많은 편인데, 대칭으로 가지런히 핀 꽃은 자세히 들여다볼 만하다.

노랑 코스모스

- 과　목 / 국화과
- 개화기 / 1년 내내
- 일조량 / 전일조량
- 식물 높이 / 30~100cm
- 물주기 / 약간 건조한 것을 좋아한다. 정상적으로 바람과 물을 공급해주면 잘 자란다.
- 특　징 / 노랑 코스모스는 아주 잘 자라며, 토양에 대해서도 그다지 까다롭지 않고 관리가 쉽다. 꽃은 오렌지색부터 노란색까지 명암이 다양하다. 꽃송이는 높은 곳에서 피는 편이고, 잎은 아주 가늘고 부드럽다. 전체적으로 매우 하늘하늘하다.

데이지

- 다른 이름 / 금사국(金絲菊)
- 과　목 / 국화과
- 개화기 / 1년 내내
- 일조량 / 일조량이 충분해야 한다.
- 식물 높이 / 15~20cm
- 물주기 / 적당한 습도를 유지하는 것이 필요하지만 화분에 물이 고이지 않도록 한다. 흙 표면이 마르면 물을 준다.
- 특　징 / 가지가 잘 나오기 때문에 관리할 때 순지르기를 할 필요가 없다. 가느다란 가지로 인해 걸이식 화분에 심기 적합하다. 재배 환경은 반드시 통풍이 잘 되어야 하며, 너무 덥거나 너무 습한 경우에는 잘 자라지 않는다.

유리오프스

- 다른 이름 / 남아프리카 국화
- 과　목 / 국화과
- 개화기 / 늦가을에서 봄까지
- 일조량 / 충분한 일조량을 좋아한다.
- 식물 높이 / 30~100cm
- 물주기 / 흙이 약간 건조해지면 물을 주도록 한다.
- 특　징 / 꽃송이가 마가리트와 닮아 종종 오인하기도 한다. 적응력이 매우 뛰어나 1년 내내 잘 자란다. 여름의 높은 온도에서는 꽃이 적게 피지만 가지치기를 통해 여름을 잘 보낼 수 있다.

가자니아

과목 / 국화과
개화기 / 1년 내내
일조량 / 충분한 일조량이 있어야 꽃이 핀다.
식물 높이 / 15~20cm
특 징 / 큰 꽃송이와 아름다운 꽃잎은 너무나 예쁘다. 가자니아는 색깔이 다양한데, 한 송이 속에 여러 가지 색깔이 모두 들어 있다.

멜람포디움

다른 이름 / 밀리온 골드
과 목 / 국화과
개화기 / 봄~가을
일조량 / 전일조량
식물 높이 / 20~100cm
물주기 / 흙이 약간 건조해지면 물을 주도록 한다.
특 징 / 멜람포디움은 일종의 야생화로 생명력이 강하고, 병충해가 적다. 충분한 일조량만 있으면 무성하게 자라난다. 화단에 심거나 화분에 심어도 모두 적합하다.

팬지

다른 이름 / 삼색 제비꽃
과 목 / 제비꽃과
개화기 / 늦가을에서 봄까지
일조량 / 충분한 일조량을 좋아한다.
식물 높이 / 15~30cm
물주기 / 충분하게 물을 주되, 화분 내에 물이 고여서 뿌리가 썩지 않도록 한다.
특 징 / 팬지는 색깔이 화려하기 때문에 모아심기에 적합하다. 조금 높은 곳에 두어야 귀여운 꽃 모양을 충분히 감상할 수 있다.

메리골드

다른 이름 / 천수국
과 목 / 국화과
개화기 / 1년 내내
일조량 / 전일조량
식물 높이 / 20~50cm
물주기 / 흙이 약간 건조해지면 물을 주도록 한다. 흙에 물이 고이면 병충해가 잘 생긴다.
특 징 / 메리골드는 관리가 아주 쉽기 때문에 원예 초보자들의 입문 화초로 적당하다. 교배와 개량을 거쳤기 때문에 꽃 색깔이 아주 화려하다. 일반적으로 노란색, 오렌지색이 한 송이의 꽃 안에 모두 녹아있다.

| PLANT |

파랑, 보라 계열

파란색과 보라색은 비슷한 계열의 색깔이다. 정원에 파란색 꽃이 가득 있으면 공간이 아주 우아해 보인다. 화초를 살 때에는 삽목 번식이 적합한지를 확인하도록 한다. 만약 삽목이 쉽다면 직접 한번 시도해보자. 파란색과 보라색의 꽃을 더욱 많이 만들어낼 수 있을 뿐만 아니라 정원사의 즐거움도 맛볼 수 있다.

페르시안 바이올렛

과 목 / 용담과
개화기 / 가을에서 초여름
일조량 / 반그늘에서도 가능하며, 폭염에서는 탈수로 고사한다.
식물 높이 / 10~20cm
물주기 / 건조한 것을 싫어한다. 잎에 광택이 없어지면 바로 물을 주도록 한다.
특 징 / 페르시안 바이올렛은 키가 아주 작은 식물이다. 연한 보라색의 꽃잎과 노란색의 중심은 아주 귀엽고, 우아한 향이 난다. 베란다나 실내에 환한 곳에 두면 꽃을 감상하기에도 편하다.

세인트폴리아

다른 이름 / 아프리카 바이올렛
과 목 / 제스네리아과
개화기 / 1년 내내
일조량 / 음지에 강하며, 햇빛이 드는 실내, 창가에 두면 잘 자란다.
식물 높이 / 10~15cm
물주기 / 세인트폴리아의 잎에 솜털이 나있다. 물을 줄 때 수분이 잎에 직접 닿지 않도록 한다. 가장 좋은 급수 방법은 저면관수이다. 즉, 화분 아래쪽에 수반을 두고 흙이 물을 빨아올리도록 한다.
특 징 / 대부분의 화초와는 달리, 세인트폴리아는 몇 안 되는 음지에 강한 식물이다. 오랫동안 꽃을 볼 수 있는 식물이며 꽃의 색깔은 매우 다양하다. 일반적으로는 분홍색, 보라색, 붉은색 및 흰색 등이 있다.

도라지

과 목 / 도라지과
개화기 / 봄에서 가을까지
일조량 / 전일조량
식물 높이 / 15~50cm
물주기 / 흙이 약간 건조해지면 물을 주도록 한다.
특 징 / 도라지는 초여름의 대표적인 꽃 중의 하나이다. 꽃받침은 풍선처럼 생겼고, 꽃은 별모양이다. 보라색 꽃 외에도 흰색, 분홍색 등이 있다.

시네라리아

과　목 / 국화과
개화기 / 겨울~봄
일조량 / 반그늘 및 전일조량에서 모두 잘 자란다.
식물 높이 / 20~30cm
물주기 / 잎의 수분 증발 속도가 빠른 편이다. 잎이 약간 힘없이 쳐지면 바로 물을 주도록 한다. 꽃에 직접 물이 닿지 않도록 주의한다.
특　징 / 꽃은 파란색, 빨간색, 보라색, 흰색 등 다양하며, 한꺼번에 많은 꽃이 핀다. 화분 하나면 마치 풍성한 꽃다발처럼 화려하다. 꽃송이가 지고 나면 생명이 끝나게 된다.

스위트 바이올렛

다른 이름 / 향기 제비꽃
과　목 / 제비꽃과
개화기 / 가을부터 봄까지
일조량 / 충분한 일조량이 필요하다.
식물 높이 / 10~20cm
물주기 / 흙 표면이 약간 마르면 바로 물을 준다. 줄기와 잎, 꽃이 모두 가냘프다. 물이 직접 닿지 않도록 물을 주의해서 준다.
특　징 / 모양이 팬지와 거의 유사한 스위트 바이올렛은 노란색, 흰색, 보라색 등의 다양한 색깔이 있다. 어떤 품종은 연한 향기가 나며, 아주 귀여워 인기가 많다. 팬지와는 달리 포복형으로 자라기 때문에 선이 유려하다.

과꽃

다른 이름 / 취국, 당국화
과　목 / 국화과
개화기 / 봄부터 가을까지
일조량 / 전일조량
식물 높이 / 15~30cm
물주기 / 줄기와 잎이 가늘기 때문에 잎에 흙탕물이 묻으면 병충해에 쉽게 감염된다. 물을 줄 때에는 흙탕물이 튀지 않도록 하며, 직접적으로 꽃에 물을 주지 않는다.
특　징 / 과꽃은 색깔이 아주 화려하며 다양하다. 꽃꽂이 및 화분 등으로 사용되며, 베란다에 두면 시각적 효과가 뛰어나다. 비옥한 토질을 좋아하기 때문에 과꽃을 심을 때에는 유기농 비료를 넣으면 좋다.

로벨리아

다른 이름 / 인디언 담배
과　목 / 숫잔대과
개화기 / 가을~초여름
일조량 / 전일조량
식물 높이 / 15~20cm
물주기 / 흙 표면이 약간 마르면 바로 물을 준다. 물은 직접 흙에 주도록 한다.
특　징 / 줄기와 잎이 아주 섬세한 작은 식물이다. 꽃은 아주 무성하게 피고, 색깔 역시 화려하다. 분홍색, 보라색, 파란색, 흰색 등이 있기 때문에 로벨리아만을 심거나 혹은 다른 식물들과 같이 심어도 모두 아름답다.

Part IV
작업도구 및 재료구입 Tip
On-Line & Off-Line

베란다를 꾸밀 때 필요한 작업도구는 간단하지만 매우 유용하다.
꼭 필요한 도구들만 구매하도록 하며 작업도구와 소품을 파는
On-line 사이트와 Off-Line의 꽃시장에 대해 미리 알아두도록 하자.

작업을 도와주는 정원 도구

재료구입 Tip　On-Line, Off-Line 구입처

작업을 도와주는 정원 도구

01 꽃가위
일반적으로 화초를 다듬는데 사용한다.

02 물뿌리개
물을 주는 도구는 식물의 속성, 종류에 따라 물뿌리개 입구를 변형해서 주도록 한다. 화초에 물을 줄 때에는 물이 꽃잎에 닿지 않도록 주의한다. 직접적으로 물이 닿으면 연약한 꽃의 경우에는 쉽게 상하게 된다.

03 분무기
파종(씨앗을 심고 너무 많은 물을 주어 유실되거나 물에 과도하게 잠기게 되지 않도록 하기 위해서), 삽목 등을 할 때 식물 표면에 분무기를 사용하여 수분을 제공한다.

04 전지가위
끝이 비교적 뾰족하여 순치기에 적합하다. 혹은 허브 등을 사용하기 위해 자를 때에도 이 가위를 쓰면 된다.

05 삽, 갈퀴
흙을 파거나 고를 때 사용한다.

06 면장갑
면장갑 한 쌍을 준비한다. 화초를 정리할 때(물을 주지 않은 상태) 손을 보호하기 위해 착용한다.

07 꽃삽
화분을 심을 때 흙을 담기 위한 도구이다.

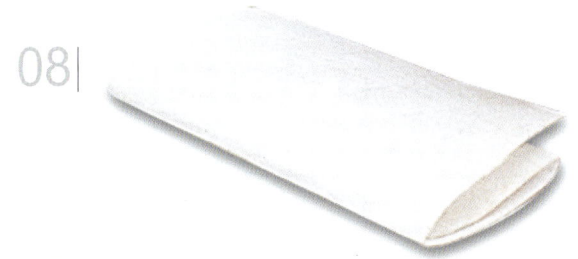

08 부직포
화분 배수 구멍에 깔거나, 화단 측면, 바닥 등에 깔도록 한다. 뿌리가 너무 많이 자라서 시멘트 등의 구조물을 부수지 않도록 하기 위해 사용한다. 화분에 사용할 경우에는 배수구멍으로 흙이 유실되지 않도록 하기 위해 깔아준다.

어떤 일을 잘하고자 한다면, 먼저 관련 도구를 잘 사용할 줄 알아야 한다. 또한 베란다 정원의 전문가가 되기 전에 예를 들어 파종, 순치기, 물주기 등의 식물과 관련된 부분을 반드시 익혀야 한다. 작업에 사용되는 서로 다른 공구는 화초를 쉽게 가꿀 수 있도록 도와준다. 만약 정원의 화초들을 잘 돌보고 싶다면 기본적인 도구를 준비하도록 한다. 기본적으로 이러한 도구에는 전지가위, 삽, 갈퀴, 물뿌리개 등이 있다. 각 도구의 기본적인 기능을 이해하고 구입한다면 잘 활용할 수 있다.

| 부록 |

재료구입 Tip

더가든 : www.thegarden.co.kr

어떠한 베란다에도 알맞은 다양한 용품을 구할 수 있다. 작은 꽃가위에서부터 풍경, 나무펜스, 조리개, 벤치 등 거의 모든 공구들이 구비되어 있다. 또한 그 밖에 독특한 소품들도 둘러볼 수 있다.

On-line 02

데코짱 : http://www.decozzang.com

아기자기한 정원소품을 구비하고 있는 인터넷 쇼핑몰 데코짱은 여러 가지 화분받침이나 수반 등의 원예소품과 조화, 주방 및 생활소품 DIY소품을 다양하게 판매하고 있다.

116 · 베란다에서의 즐거운 시간

http://www.yfmc.co.kr | Off-line 01

양재동 꽃시장

01. 양재꽃시장의 경매시장
02. A동 _ 벽면 가득 장식되어 있는 화초들
03. A동 _ 소품과 화초를 함께 전시해 놓음
04. 생화도매시장 2층 신신도예 _ 화분매장이 분리되어 있음
05. 신광화훼자재 _ 정원용품
06. 상가전경 _ 골목이 넓어 쇼핑이 편리함

한국에서 가장 큰 화훼시장으로 입주상인의 영업 형태는 절화·분화·화원의 경매물량 중개 및 도매이다. 다양한 종류의 화초와 용품, 소품 등을 한곳에서 구입할 수 있으며 주차장과 골목이 넓어서 쇼핑하기 매우 편리하다.

지하철 _ 3호선 양재역 7번 출구로 나온 후 버스 이용
버 스 _ 성남, 과천방향 버스승차 후 양재동 꽃시장에서 하차

점포별 운영시간

생화 도매 시장
- 취급품목 : 절화(국화, 장미, 백합 등), 소재, 조화 등 판매
- 영업시간 : 월~토 (주6일), 새벽1시~오후 3시

분화 온실
- 취급품목 : 동양란, 서양란, 관엽식물, 소품, 선인장, 허브 등 판매
- 영업시간 : 일~토 (주7일), 오전 7시~저녁 7시

자재 점포
- 취급 품목 : 화병, 화분, 비료 등 기타 모든 자재 판매
- 영업시간 : 일~토 (주7일), 오전 7시~저녁 7시

Off-line 02

강남 고속터미널

베란다 꾸미기에 필요한 소품과 정원용품을 한곳에서 구입할 수 있다. 다양한 소품의 최신 유행 스타일을 바로 확인할 수 있으며 아기자기한 소품과 생화를 구입할 수 있다.

나무펜스, 조리개, 팻말 등의 소품과 생화, 조화는 2층의 꽃상가에서 구입 가능하고 지하상가에서는 화초와 모래, 자갈, 바닥재 등의 정원용품을 구입 가능하다. 쇼핑하기에 편리한 환경을 갖추고 있다.

시 간 _ 꽃상가 : 새벽 1시 ~ 오후 1시, 지하상가 : 오전 10시 ~ 오후 9시
지하철 _ 3호선 고속터미널역

01. 2층 _ 꽃상가 전경
02. 2층 _ 토피아리
03. 2층 _ 조평요업
04. 2층 _ 조평요업
05. 지하상가
06. 2층 _ 쥬리화원

Off-line 03

01. 수입 소품
02~04. 베란다 소품
05. 정원용품

남대문 대도상가

남대문시장 대도상가 3층 대도 꽃상가는 1960년대에 만들어진 역사가 가장 오래된 꽃시장으로 1천여 평 규모에 2백여 개의 꽃가게가 있다. 화초를 파는 상점이 적지만 A동의 조화, 인테리어 용품, 도자기, 생화, 분재, 꽃바구니, 근조화환 등의 다양한 종류를 구비하고 있다. 베란다를 꾸밀 때 사용할 소품을 구입하기 좋으며 저렴한 가격과 편리한 교통 때문에 사람들이 많이 찾는다.

시　　간 _ 토요일 04:00 ~ 16:00
　　　　　공휴일 13:00 ~ 16:00
　　　　　일요일 휴무(소매는 오전 10시 이후에 가세요)
주　　소 _ 서울특별시 중구 남창동 대도상가 E동 3층
찾아가는 길 _ 지하철 회현역 5번 출구에서 나온 후 바로 우측으로 꺾은 후 20m직진

Veranda Decoration Tips

베란다에서의 즐거운 시간

베란다에서의 즐거운 시간

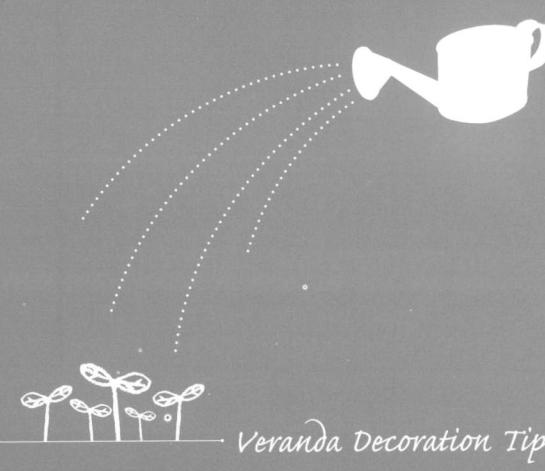

Veranda Decoration Tips

Veranda Decoration Tips